中公文庫

ことばの波止場

和 田　　誠

中央公論新社

目次

プロローグ　7

I

ことばのこばこ　13
しりとり歌　23
替え歌　29
記憶法　37
いろはと五十音　43
マザー・グース　57

クマのプーさん　69

II

折句　83
アナグラム　97
回文　111
七五調　115
韻　121
押韻の実習　131

ことばの波止場

プロローグ

東京にクレヨンハウスという児童書専門のお店がある。出版もしている。四日市にはメリーゴーランド、名古屋にはメルヘンハウスという児童書の本屋さんがある。この三つのお店の共同主催で、毎年サマー・カレッジが箱根で開かれている。三日間にわたるセミナーで、講師は十人ほど。

主催者の性質上、児童図書をめぐる講義が多いけれど、それだけでなく広く教育の問題や社会の問題をテーマに話をする講師もいるし、農業のこと、例えば経験者が具体的に有機栽培の話をすることもある。ヨガを教える先生もいる。音楽家も落語家も講師として自分の専門技を披露する。

セミナーへの参加者は約六百名。児童書に興味をもつ一般の人に加えて幼稚園や小学校の先生も多い。年齢層も広く、子連れで参加する女性もかなりの数になる。そのため子どもたちには別にカリキュラム（遊びやハイキングなど）が組まれていて、なかなかゆき届いたセミナーである。

そのセミナーに講師として呼ばれた。ぼくにそれを依頼したのはクレヨンハウスの主宰者である落合恵子さんだった。

落合さんとは昔なじみだが、一緒に本を作ったのはそれまで一回だけ。彼女の文にぼくが絵をつけて『そらをとんだたまごやき』という絵本を一九九三年に作った。翌年その本が産経児童出版文化賞を受け、授賞式で久しぶりに会ったとき、落合さんに箱根に講演しに来ないかと誘われたのだ。

ぼくには講演の経験はなかった。人前でしゃべる度胸がなかったし、なによりしゃべる内容を持ち合わせていない。しかしそのときは、落合さんの依頼のしかたが上手だったのか、受賞のせいでぼくが上機嫌だったのか、なんとなく引き受けてしまったのである。

さあそれからだ、なにをしゃべろうか悩んだのは。落合さんとしてはイラストレーターのぼくに、絵本作りの話でもさせようと思っていたのかもしれない。けれどもぼくは絵のことを話すのはきわめて不得手なのである。なぜなら絵をことばに置きかえるのがむずかしいのだ。

そう考えたとき、一つひらめいた。絵をことばに置きかえて話すのはむずかしいが、ことばの話なら、置きかえるという作業もいらないわけだなあ、と。それでことば遊びについて話すことにしたのであった。

講演初体験者としては、アドリブでしゃべるのは不可能である。しゃべろうとすることを箇条書きにしたノートを作った。定められた講演時間は九十分だった。しかし新人講師にはノートのメモがどのくらいの量があれば九十分という時間が埋まるのか見当がつかない。

とにかくことば遊びに関する自分の知識の範囲で、思いつくままにノートを作る。新しく勉強して知識をつけ加えるのはやめようと思った。つけ焼刃ではうまくしゃべれないに違いないから。

しゃべる内容はノートが頼りになるが、時間に関しては不安であった。ノートに記したことを全部しゃべっても六十分で終わってしまうかもしれない。そうなると三十分間立往生となる。

ところが実際は逆だった。ノートが半分ほどになったとき時計を見たら、六十分をとうに回っていたのだ。別会場で次の講師も待機しているのであまり時間を超過してはいけない。あとはノートの内容をはしょりながら全速力でとばした。

本書はその日の講義録であるが、九十分の講義だけでは本一冊にはなかなかならないし、「えーと」とか「あのあの」などと言っているのは活字では取り除くから、さらに短いものになってしまう。

ただし、やむを得ずノートの後半ははしょってある。前半もうっかりとばしてしまった部分がいくつかある。当日の速記録をもとに、はしょってしまったところを加筆し、ノート通りにしゃべっていたら、たぶんこんなふうになるだろうという形でまとめた。

ぼくの前の講師は落合恵子さんである。落合さんは近ごろの映画や現実の出来事をとりあげて、差別の問題を熱心に語った。ぼくの話の中に落合さんの名前が何度か出てくるのはそのためである。

セミナーのパンフレットに必要だから講演のタイトルをつけてほしいと言われ、『ことばのこばこ』というすでに絵本で使った題名を載せてもらった。その時点では講義録が本になるなどと思ってもいなかったから自分の著作の題を流用したのだが、同じ題名の本が二冊できても困るので、新しい本には新しいタイトルをつけた。

では登壇。

I

ことばのこばこ

これがデビューです（笑）。

ぼくはイラストレーターなので、本来ならば絵の話をするべきかなとも思うんですが、絵のことを口でしゃべるというのは、ぼくには非常にむずかしいので、きょうはことばの話をしたいと思います。

『ことばのこばこ』というタイトルがついてますけれども、これはぼくが、十年以上前に作った絵本のタイトルです。ことば遊びの絵本なんですが、「ことば」と「こばこ」というのが、そこはかとない語呂合わせになっております。幼稚園から小学校の低学年向きのことば遊びの本です。きょうはもうちょっと上の、中学、高校程度の話になるかなあと思ってます。

絵描きのくせになんでことばの話をするのか、どうしてことば遊びに興味があるのかと疑問に思われる方がいらっしゃるかもしれません。実はぼくの中にもことばにまつわる歴史がありまして、その歴史というか、個人史と重ね合わせながらことばの話をしようかなと思っています。

昔々、グリコのおまけというのがありました。いまでもあるはずですね。うちの子どもがそれで遊んだという記憶はないんですが、ぼくの子どものころは、おもちゃなんかあまり潤沢《じゅんたく》になかったので、グリコのおまけというのは、なかなかありがたいものでした。グリコの箱のふたのほうに小さなセルロイドの船ですとか、飛行機のおもちゃなんかが入っていて、とても楽しかったんですけれども、それはことばとは関係ないです。

もう一つ、「わかもと」という薬がありまして、これもいまでもあるんですけれども、ぼくの子どものころは、このわかもとというのは整腸剤というんですか消化剤というんですか、非常にポピュラーな薬で、どの家庭にも常備薬として置いてあったような気がします。

このわかもとにも付録のような小冊子がついていたんですね。たぶんそれは箱に直接ついていたんじゃなくて、空き箱を会社に送って申し込むと、小冊子を送ってくれるというようなシステムだったと思います。小さな、A5判をさらに二つ折りにしたくらいの大きさで、中綴じで十六ページぐらいだったように記憶しています。これは戦前の話なんで、正確に憶えているわけではないんですが、たぶんぼくの母親が申し込んでいたんだと思います。

うちに何冊かあって、その小さなページがさらに四つくらいに区切られていて、絵と小さな文章が入っているんですね。シリーズで何冊もありまして、例えばそのうちの一冊は「発明発見物語」でした。ニュートンはりんごの落ちるのを見て万有引力を発見したとか、ワットは鉄瓶のふたの持ち上がるのを見て蒸気機関を発明したとか、そんなようなことが書いてあります。

風車に向かって石を投げている少年の絵が印象的でした。その少年は回っている風車の羽根にぶつからないように、羽根と羽根の間を通り抜けるように石を投げて遊んでいたんですね。ドイツの少年です。第一次世界大戦が始まるころはこの少年は大人になっていました。それで飛行機の回るプロペラを通して機関銃を撃つ装置を考えた。風車の遊びを思い出したわけです。この装置のおかげで初期の空中戦ではドイツが非常に有利であったと。そんなこともこの冊子で憶えたんですが、これもまだことばとは関係ない（笑）。

その小冊子の中に国語編もありまして、ここでやっとことばの話になるんですが、その中でぼくがいま一つ憶えているのは、

なるべくは「この」「その」「あの」は仮名で書け　医者と石屋は仮名はいけない

というやつなんです。それを読んだころはぼくは小さかったですけれども、なにか語呂がおもしろくて、そのせいか、よく憶えてるんです。そのころは戦前ですから——戦前はぼくはまだ小学校にも入ってないんですが——当時、手紙を書くのにまだ候文《そうろうぶん》で書いていた人なんかもけっこう多くて、なるべくやさしい平明な口語体を使いましょうなんていう運動があったわけですね。「彼の」だとか「其の」だとかいう漢字を使わずに「あの」「その」と仮名で書きましょうというようなことが言われていたんでしょう。そして「医者と石屋は仮名はいけない」というのは、昔は拗音《ようおん》のイシャの「ャ」なんていうのは小さく書く習慣がなくて、歴史的仮名遣いでは大きく書くものですから、医者もイシヤと書きました。医者と石屋を仮名で書くと区別がつかないというようなことなんですね。

ぼくは「幼年倶楽部」という雑誌をときどき読んでいましたけれども、笑い話のページがあって、「寝台車頼む」なんていう電報を打つと、受け取った人は、「死んだ、医者頼む」というふうに読んじゃうから気をつけろとか、そんなことが笑い話ふうに書かれていました。

「金杓子屋茂平亀井戸に引越し申し候」というのもありましたね。この茂平さんは漢字が書けない。で、引っ越し通知を仮名だけで「かなしやくしやもへいかめいとにひつこしもうしそろ」と書いた。これを受け取った人が「悲しや口悔しや茂平が冥途に引越し申し候」と読んで死亡通知だと思ったという話なんだけど、金杓子屋なんて職業は想像もできなかったくせに、ことばの具合がおもしろかったんですね。

こういうのは落語ネタだったのかもしれません。有名な「寿限無《じゅげむ》」、長あい名前を子どもにつける話ですが、それも耳で聞くより「幼年倶楽部」で先に読んだような気がします。「山号寺号」というのもそうです。成田山新勝寺とか金龍山浅草寺とか、お寺には山号寺号というものがあるんだと旦那さんに教えられて、小僧が「おかみさんお掃除」とか「時計屋さんいま何時」とかいうやつ。「南無三、一大事」なんてのがおかしかったです。これ、本当の落語では旦那と幇間《たいこもち》の話なんですが、子ども向きに小僧さんに変えてあったんでしょうね。

そんなこんなで、少しずつことばのおもしろさみたいなことを感じていたんですけれども、同じわかもとの付録で数学編もあったんです。それには、丸の中にKだ

昔、いちばんポピュラー
だった落書き。

関東ではへのへのもへじ
（へへののもへじというんもいる）

関西ではへのへのもへのといいますね。

「つるサンはマルマルむし」
というのもあった。

これは「山水天狗」。
くずし字の山と水で天狗
の顔を描く。さかさに
見てもいいというのがミソ。

とかMだとか書いたものが、みんな手足が生えて走っている。そんな絵が描いてあるページがあって、そこについている文章が、

キロキロとヘクトデカけたメートルはデシにおわれてセンチミリミリ

というんです。そのころぼくは小さかったからなんのことやらわからなくて、ただその口調だけで憶えているんですが、あとで思うと、キロを千とすると、ヘクトが百で、デカが十で、メートルが一、デシが十分の一で、センチが百分の一で、ミリが千分の一、ということでした。数学の単位をそうやって憶えさせた。たいした役には立たないんですけど、高校くらいでヘクタールとかデシリットルなんていうのが出てきたときには、あのときに憶えたのがこれだったのか、なんていうふうに思いました。

これはわかもとが出している冊子ですから、その本の後ろのほうには広告が出てます。その広告もことば遊びになっていて、「おなかが急に大分県、お顔の色も青

森県、わかもと飲めと岩手県、やがて効き目が三重県で、大喜びで沖縄県」とかね。こんなのも広告としてはなかなかおもしろくて、そういうのをいまでも憶えています。これは戦前戦中の話ですから、その本をいま持っているわけではないんですよ。ぼくの手元に資料として全然ないんですけれども、ただ記憶にだけあるわけですね。ですからいまの「おなかが急に大分県」というやつも本当はもっと長くて、県名ももっとたくさん読み込まれていたかもしれないです。

しりとり歌

うちにおばあちゃんがいて、まあたいていのうちにおばあちゃんがいるんですが、昔のおばあちゃんていうのは、いわゆる日本のしきたりとか、宗教的な儀式だとか、季節のかわり目にいろいろする行事だとかを、下の世代に伝えていくいい役割をしていたわけですね。

そのうち戦争でそれどころじゃなくなったり、西洋の合理主義が入ってきて、そんなの迷信だよとか言うようになったり、家族のあり方が変わってきて、老人の存在が薄らいだりと、だんだん、おばあちゃんが伝えるものが途絶えていくんですけれども、ぼくのおばあちゃんは、十二月の十二日になると、こんな小さな和紙に筆で、小さな字で「よこしばやたてしばがきに四方八方　あびらうんけんそわか　十二月十二日」と書いて、窓とか玄関とか勝手口とかに貼《は》るんです。

これは泥棒よけのおまじないで、十二月十二日というのは石川五右衛門の命日とかいうことで、石川五右衛門というのは泥棒の神様ですから、その神様を祀《まつ》って、泥棒の子孫たちに、このうちには入るなと教えてくれるようにお願いすると、そういうおまじないらしいですね。そういうことをずっとやってました。このおばあちゃんは、九十いくつまで生きた人なんで、わりあい最近までそれを守って、毎年十二月十二日になると忘れずにやっていました。

そのおばあちゃんが、お正月になると、小さな半紙に宝船の絵を、絵はうまくないんですけれども、とにかく宝船を描いて、そこに一つの歌を書きます。それを枕の下に入れて寝るといい初夢を見るという、その文句が、

長き夜のとおのねぶりのみな目覚め波乗り舟の音のよきかな

というんです。仮名で書きます。昔は濁点をつけなかったですから、「なかきよのとおのねふりのみなめさめなみのりふねのおとのよきかな」と書くわけですが、これが実に見事な回文になっているんですね。「なかきよの」というところが「のよきかな」というふうにひっくり返る。非常に長い回文で、これも子どもごころにとてもおもしろいなとぼくは思いました。

そのころでも、子どもの雑誌なんかに、「しんぶんし」とか簡単な回文はたくさん出てて、ぼくも知っていました。「たけやぶやけた」とか、「このこねこのこ」とか、「わたし負けましたわ」とか、そんなのがあったんだけれども、その宝船についているのは非常に高級なむずかしい回文で、これも非常におもしろかったんです。

それから、おばあちゃんが教えてくれたしりとり歌があって、しりとりもぼくら子どものころは、リンゴ、ゴリラ、ラッパというような簡単なのをやってましたけれども、おばあちゃんのは江戸しりとり歌ですね。江戸時代から伝わるしりとりなんだそうで、「牡丹に唐獅子竹に虎」っていうやつ。

牡丹に唐獅子竹に虎、虎を踏まえて和藤内、内藤様は下がり藤、富士見西行後ろ向き、剝《む》き身蛤バカ柱、柱は二階と縁の下、下谷上野の山かずら、桂文治は噺家で、でんでん太鼓に笙《しょう》の笛、閻魔はお盆とお正月、お正月には宝船、宝船には七福神、神功《じんぐう》皇后武の内、内田は剣菱七つ梅、梅松桜は菅原で、藁で束ねた投げ島田、島田金谷は大井川、可愛けりゃこそ神田から通う、通う深草百夜の情け、酒と肴で六百出しゃ気まま、ままよ三度笠横ちょにかぶり、かぶり縦に振る相模の女、女やもめに花が咲く、咲いた桜になぜ駒つなぐ、つなぐかもじに大象もとまる。

ってていうんです。

きょうここでしゃべろうと思って一所懸命憶えてきたんじゃないんですよ。いまこんな記憶力はないですから。そのころ憶えたやつを思い出して言ってみただけなんです。

昔は、テレビゲームとか、ドライブにいくとかなかったですから、こういうことで遊んだんですね。ことばで遊ぶというのはタダだし、道具を必要としないで簡単にできるし、人数のきまりもないし、多少は知的な感じもあるし、まあ「酒と肴で六百出しゃ気まま」が知的かどうかわかりませんが（笑）、そういう、気楽に遊ぶということが庶民の中で息づいていたんだと思います。

ぼくが結婚したときに、かみさんにいまのをやったら、あたしも知ってるって言うんですね。なんで知っているんだと言ったら、自分のお父ちゃんが教えてくれたと。お父ちゃんも明治の人ですからこういうのをよく知っている。ただし途中からちょっと違うんですね。どこかから違う文句になる。かみさんのおやじさんは平野威馬雄というフランス文学の人ですが、もうちょっと猥褻な要素が加わった、もっとおかしなしりとりでした。まあこういった口承というんですか、口から口へと伝わるものは、少しずつ変化するわけですね。ヴァリエーションができるわけ。

替え歌

昭和十五年は西暦では一九四〇年です。ぼくは四歳なんですけれども、一九四〇年というのは、日本紀元で紀元二千六百年ということだったんです。だいたいそのころはファシズムの波が日本にも押し寄せてきていまして、日本の天皇制というのをもうちょっとクローズ・アップしようというようなお上のたくらみがあったんでしょうね。ちょうど神武天皇が即位をしてから二千六百年目だと。

これは歴史的根拠は薄いらしいんですけれども、とにかくキリのいい二千六百年はたいへんめでたいというんで大々的にお祭をするんですね。それで「紀元二千六百年の歌」という歌ができまして、これが放送で流れる。「金鵄《きんし》輝く日本の　栄え

ある光身に受けて　いまこそ祝えこのあした　紀元は二千六百年　ああ一億の……」なんとかという歌なんです。

当時はテレビはもちろんありませんで、娯楽というのは、映画やお芝居を観にいく以外は、ほとんどラジオですね。そのラジオもNHKしかありませんから、ラジオからはNHKの放送しか聞こえてこない。NHKは、お上の指示に従ってこういう歌をがんがん流すので、子どもでも嫌でも憶えてしまう。

でも、すぐこういうのって替え歌ができるんですね。

「金鵄輝く日本の」という、この「金鵄」というのは金のトビです。金のトビというのは、神武天皇の弓にとまったというんで、皇国、天皇の国の日本の象徴だということになって、金鵄勲章などがあるわけですが、金鵄というたばこもできた。

その前にゴールデンバットというたばこがあったんです。いまはまたありますが、ちょうどそのころ、昭和十五年という雲行きの怪しくなる時代に、ゴールデンバット、金のコウモリというようなバタくさいたばこなんかはいかんというので、これが廃止になって、金鵄というたばこができるんです。ほとんどデザイン同じなんです。色も似てるんですが、そしてゴールデンバットというのは非常にしゃれた感じのたばこだったですけれども、それが金鵄になると、とたんにダサくなるんですね。あ、ダサイなんてことばはもちろん当時はありません。野暮ったいと言うべきだったでしょうか。でもダサイにはもう少し軽蔑的な意味あいが入っていますね。新語にもいろいろありますが、ダサイはよくできたことばでわれわれオジサンにも使いやすい。

とにかく金鵄というたばこができました。でも、あんまりそれがダサイとか言うと具合が悪いという時代だったわけですね。

そうすると、紀元二千六百一年くらいになると、「金鵄上がるる十五銭、栄えある光三十銭、いまこそ上がるたばこの値、紀元は二千六百一年」というような替え歌ができる。「ああ鵬翼《ほうよく》は五十銭」とかいうんですね。「金鵄」も「光」も「鵬翼」もたばこの名前です。

あのころ、一番安いたばこが十五銭で、高いたばこが五十銭だったんだなと、この替え歌でわかるんですが、いまハイライトが二百二十円だと、一番高いのは八百円くらいのたばこになってしまう。そんな差はいまないですね。そういうふうにちょっとしたことを思い出す手がかりになって流行歌や替え歌はおもしろいんですが、もちろんこんな替え歌は、ラジオでは流れなくて、庶民の間でいつの間にかはやった。

ぼくたちは子どもだったけれども、大人が歌っているのを聴いて憶えるんですかねえ。むしろ子どもがおもしろがって歌うので広く伝播《でんぱ》するということもあるんでしょう。そのころぼくは、おやじの仕事の都合で大阪に住んでた時期なんですが、そのあと大人になって東京でこういう話を友だちにすると、たいてい「憶えてる、憶えてる」って言いますね。

それでもお互いに歌ってみると少し歌詞が違う。「なんとかは苦くてまずくて五十銭」と歌う人もいる。さっきも言いましたが、口から口へ耳から耳へっていう伝わり方だから、地域によって少しずつ変わっていくんでしょうね。それでも大阪でも東京でも似たような替え歌を歌ってたわけです。

お上がこういう歌を歌えというふうなことで押しつけてくると、庶民はなにかうさん臭いものを感じるんですよね。ちょっと違うんじゃないかなという感じはあるんだけど、それをストレートには表現しない。当時ですから、はっきり反対しにくいこともあるし、庶民には論理的な意思表示はむずかしい。肌で感じたことを冗談で返す。そんな気持が、じわじわっと替え歌にあらわれるんだろうと思います。

替え歌というのはたいへんおもしろくて、ただことば遊びとしてもおもしろいんだけれども、社会風刺という意味でもなかなかおもしろいと思いますね。落書きのおもしろさと言えるかもしれません。正面からはやらない。だから無署名です。替え歌の作者はわからないわけですね。逆にあの替え歌は俺が作ったと名乗り出られるのは平和な時代なんです。

ぼくなんか子どもでしたから、当時、子どもの歌としてよく歌わせられた『われは海の子』、「われは海の子白波の　騒ぐ磯辺の松原に……」というんですが、「われは海の子白波の」というところを「われはノミの子シラミの子」っていうふうに歌いましたけどもね。実際シラミやノミはおなじみだったんで、わりと切実な歌として憶えております。

「そろう歩調だ、そろう歩調だ、足音だ」という歌もありました。子どもたちの行進を歌った歌でしたけれども、これを「そろう包丁だ、そろう包丁だ、まな板だ」というふうに歌ったのも憶えてます。ことばを書き換えただけのナンセンスなものだけど、ナンセンスが風刺的な力をもつこともありますね。この場合は、歩調をそろえろと命令する当時の日本のお上を、子どもがナンセンスでからかったと、理屈でこじつければそういうことです。

まあ子どもは子どもなりにことばで遊びます。しりとりとかなぞなぞとか。ちょっと凝ったところでは「手袋を反対から読むとなんだ」ってのがありましたね。考えてテブクロの反対で「ロクブテ」と答えると六回ぶたれちゃう。

「なんでぶつんだよ」

「お前が六ぶてと言ったじゃないか」

というやつですね。

もっと凝ったやつは「手袋巡査の反対は?」なんて言う。これは「サンジュロクブテ」になるから三十六回ぶたれちゃう(笑)。単純な遊びですけど、これは回文

子どものころ、何かの雑誌に各地の市章が載っていて、これを眺めるのが好きでした。

東京

京都

東京も京都も「京」という字のデザイン化でしょうね。

佐世保

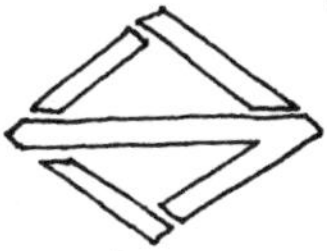
横浜

佐世保は「サ」と「セ」と「ホ」。横浜は「ハ」と「マ」でできてます。

川越

熊谷

川越は「川」と「コ」「エ」。熊谷は「ク」「マ」に「谷」の字がダブっている。

伊東

福島

伊東は「い」が10コあって、つまり「い」が「とお」で「いとお」。福島は「フ」が9、「マ」が4で、フクシマとなる。

遊びのような市章も多くておもしろい。

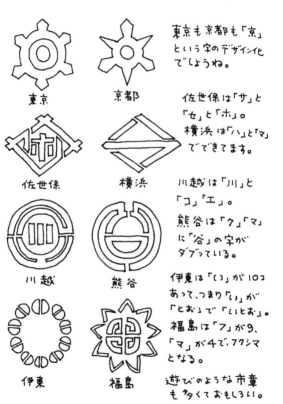

のヴァリエーションと言いますか、回文だとさかさに読んでも同じだけど、こちらは別の意味が現われる。「さかさことば」ですね。「倒言」と呼ぶ人もいます。大人だとさかさに言うと猥褻な言葉が現われるような遊びをします。ぼくもそういう例を知っていますが、あまり下品なのでここでは言いません（笑）。

記憶法

小学校に入るときは、もうすでに太平洋戦争が始まっていて、戦争中の小学校というのはやっぱり嫌なもので、ぼくの行った小学校は――当時は国民学校と言いましたけど――給食の時間に学校放送で飛行機の爆音を聞かせたんです。アナウンスが入って、ブーンと飛行機の音が聞こえるんですよ。それで、「ボーイングB17、高度三千メートル」なんて言うんです。また、ちょっとボリュームが違うくらいで、「ボーイングB17、高度二千メートル」って言う。またブーンと聞こえて、次は「ボーイングB29、高度何メートル」、そういうのをとにかく飯食っている間ずっと聞かされているんです。敵の爆撃機の音をそれで憶えろというんですね。

しかし音で憶えたってしょうがないわけですね。どうにもならない。音を聞いて飛行機の種類が当てられたって爆撃をとめることはできないんだから。第一、あのころはまだ、いまみたいな録音テープはないし、録音技術も進んでないわけですから、非常に悪い音でそんなもの聞かされたって、ほんとに意味がないですよね。

それといまふり返って思うのは、まだ空襲がなかった時期にそういう音を聞いて憶えろということは、いまに空襲されるにちがいないというふうにお上は読んでたんですね。そう思ったら早く戦争なんかやめちゃえばいいのに、そうしないというのもなかなか恐ろしいものなんですけれども。

とにかくそういうふうに戦争に関係のあることをいろいろ子どもたちが憶えさせられたんです。もう少し大きくなれば兵隊にするという前提のもとにそうさせられるわけで、これも恐ろしいことです。手旗信号とか、それからモールス信号というのを憶えさせられましたね。ツツーツツーツツーってやつですね。

「ツツー」が「イ」です。「ツツーツツー」が「ロ」です。「ツーツツツ」というのが「ハ」です。「ツーツツーツ」というのが「ニ」です。「ホ」は「ツーツツ」、「へ」

は「ツ」、「ト」は「ツツツーツツ」。

いま辛うじてこのくらい憶えていますが、なんで憶えているかというと、これはことばに置きかえていたからなんです。イがイトー、ツツーですね。固有名詞の伊東でしょう。ロがロジョーホコー、ツツーツツー。路の上を歩くってことかな。ハがハーモニカ、ニが入費増加、ホが報告、へは屁、トは特等席、とかっていうんです。

なかなかうまいことばに置きかえていたんで、無理に憶えさせられるのは嫌だったけれども、ことば遊びとしてけっこう楽しんでいたという部分もあります。ルがルール修正す、ノが乃木東郷、フが封筒貼る。全部憶えてるわけじゃないけど、いまでもこんなふうに言えるのは興味もあったということですね。信号を打ちたいと思ったんじゃなくて、ことば遊びとしておもしろかったんでしょう。

もうちょっと上の学年になると、これをしっかり憶えて試験のカンニングに使ったという人もいるんですが、モールス信号がきちんと打てるようになるくらい時間をかけて熟練する努力をするんだったら、勉強をしたほうが手っ取り早いかなというふうにも思いました。

これは「いろは」のモールス信号です。モールス信号なんて本来は国際的な通信に役立てなきゃ意味ないんでしょうが、いまのは戦争中の話で、国内とか日本の船同士の通信でよかったのかもしれません。英語なんか憶えちゃいかんという時代でもありましたし。

国際的なモールス信号の話では、SOSのツツツ・ツーツーツー・ツツツというのが有名ですね。Sがツツツ、ツーツーツーがO、でまたツツツですね。SOSは救助信号ですけども、なんでSOSなのかというと、「わたしたちの船を助けてくれ」のSAVE OUR SHIPの略だというんですが、実はこれこじつけで、ツツツとツーツーツーが一番単純で認識しやすい音で、その組み合わせがSOSになったというのが本当なんだそうです。

「伊東」「路上歩行」というのは抽象的な音をことばに置きかえて憶える方法ですね。この方法は数字を憶えるのによく使われます。いい例が電話番号です。実にうまくできてるのがあります。四五二の一〇五九が「死後に天国」とかね（笑）。ぼくの知ってる会社でいつも経営が苦しいところがありまして、四九八の九二八八なんです。「四苦八苦にハーハー」です（笑）。こんなのが憶えやすいです。もっと縁起のいいのもあるでしょうけど。

それからこの方法は数学で役立ちます。ルートなんかに。「人並みにおごれや」とか「富士山麓おうむ鳴く」とか。こういうのは日本語がきっと得意でしょう。数字を英語に置きかえるのはむずかしいと思うんだけど、どうでしょうね。

いろはと五十音

そうこうしているうちに戦争が終わりました。戦争が終わると、いろんなものがいっぺんにぱっと自由になりますから、パロディのたぐいも人々の口から口へというよりも、雑誌なんかにしっかり発表されるようになります。

教育勅語のパロディも雑誌で読みました。かなりふざけたもので、戦争中はもちろん、そんなものは絶対許されなかった。いまもそんなのが雑誌に載ったら嫌がらせされる場合もあると思います。終戦直後というのは天井が抜けたみたいな自由があったんですね。そういうことはぼくのような子どもよりも大人のほうが感じたでしょう。でも子どもにもパロディなどを通じてそういう気分が伝わった、ということはあったと思います。

教育勅語のパロディはとてもおもしろくて、しばらく全文を憶えていたんですけれども、いまはもう忘れました。「億兆心ヲ一ニシテ世々厥《そ》ノ美ヲ成セルハ」が「横丁トランスヲ一ニシテ夜々停電ヲ食ラフハ」となってて、あのころは停電ばかりしていて、暗い夜は子ども心にも暗かったんで、そういう部分が印象的だったのと、「夫婦相和シ」、夫婦は仲よくしなさいというところが、「夫婦相罵シ」になっていたというのは憶えています。ぼくは小学校の三年くらいでしたが、それで初めて「罵《ののし》る」という字を憶えました。

それから、「アサヒグラフ」だったと思うんですが、いろはかるたを、これはことば遊びじゃなくて、「犬も歩けば棒に当たる」「論より証拠」「花より団子」「憎まれっ子世にはばかる」というのをそのまま使って、その絵札に写真を当てはめたのが載りました。それぞれ実際の当時の世相の写真を使っていたんです。

「犬も歩けば棒に当たる」というのは、アメリカ兵とくっついて歩いている日本の女性の写真、「論より証拠」は東京大空襲の写真、「花より団子」は、貧しい格好をした子どもとお母さんがおいしそうになにか物を食べている。非常に食べ物が少なかった時代の、物を食べている写真。「憎まれっ子世にはばかる」というのは東条英機の写真でした。まだ東京裁判よりも前の話ですね。「嘘から出た誠」は原子爆弾のキノコ雲の写真。「骨折り損のくたびれもうけ」というのは、東京駅にものすごく人だかりがしている写真で、当時はほんとに一所懸命並んでもなかなか汽車の切符がとれない。「芸は身を助ける」は鉄カブトを叩いて鍋にしている人の写真です。そういうような世相があったわけですね。

いまのは写真をオリジナルのかるたの文句に当てはめた例ですが、当然のことながら、ことばを置きかえて「いろはかるた」を作ったのもあって、そんなのがおもしろくて、ぼくはノートに写したりなんかしてたんですけれども、その一つは「葭《よし》のずいから天井覗く」というのがオリジナルで、そのパロディが「よせばよいのに女湯覗く」だったんですね。ぼくが「い」からずっと順番に写していたときに、おやじが後ろから覗きました。ぼくが一所懸命ノートになにか書いてるんで、なんの勉強してるんだろうと思ったんでしょうね。ちょうどそのときが「よせばよいのに女湯覗く」だったんで（笑）、なんてものを書いてんだとすごく怒られたという記憶があります。

「いろはかるた」の話をしましたが、いまの時代、「いろは」を使うということはあまりないようですね。ぼくたちの時代だとモールス信号もいろは順に憶えさせられたりして、いろははポピュラーなものだったわけですけど。つい最近、ぼくが子どもに、おまえ、「いろは」知ってるかと聞いたら、「いろは」は知ってると。なにに使うかと聞いたら、なんだっけ、なんて考えてる。ほとんど使うことはないんですね。しばらく考えていて、そういえば音楽で使うと言ったんで、あ、そうかと思いました。音楽でハ長調とかへ短調とかって言いますよね。そういうところに「いろは」が残ってたわけです。

ぼくらは、音楽の時間にハニホヘトイロハで憶えさせられたんですね。ドレミファソラシドをCDEFGABCに置きかえて、それをまたイロハに置きかえる。ハ長調というのはC、へ短調というのはFマイナーなわけですね。

そんなのが「いろは」の使い方として少し残っているんですが、ぼくらは、五十音、「アイウエオ」と「いろは」と、両方をいちどきに憶えさせられました。アルファベットで、ABCのほかにXEQなんていう順番があったら、ほんとに外国人は混乱すると思うんですが、日本のぼくたちの場合は、「いろは」「アイウエオ」、両方憶えさせられたんですね。

どっちかというと「アイウエオ」のほうが新しくて、合理的に並んでいますね。たぶんこれは、言語学とか音声学とかいうのがきちんとしだしてからできたんだろうと思いますが、大正時代にすでに、北原白秋が「五十音」という詩を書いています。「あめんぼあかいな　アイウエオ」っていうやつですね。これには曲もついてますけれども、戦後間もないころのNHKのラジオに日本語講座みたいな番組があって、これがテーマ音楽になっていて、けっこう楽しんだので、いまだに憶えているんです。

水馬赤《あめんぼあか》いな、ア、イ、ウ、エ、オ。
浮藻《うきも》に小蝦《こえび》もおよいでる。

柿《かき》の木《き》、栗《くり》の木《き》、カ、キ、ク、ケ、コ。
啄木鳥《きつつき》こつこつ、枯《かれ》けやき。

大角豆《ささげ》に酢《す》をかけ、サ、シ、ス、セ、ソ。
その魚浅瀬《うおあさせ》で刺《さ》しました。

立ちましょ、喇叭《らっぱ》で、タ、チ、ツ、テ、ト。
トテトテタッタと飛《と》び立った。

蛞蝓《なめくじ》のろのろ、ナ、ニ、ヌ、ネ、ノ。
納戸《なんど》にぬめって、なにねばる。

鳩《はと》ぽっぽ、ほろほろ、ハ、ヒ、フ、ヘ、ホ。

日向《ひなた》のお部屋《へや》にゃ笛《ふえ》を吹く。

蝸牛《まいまい》、螺旋巻《ねじまき》、マ、ミ、ム、メ、モ。
梅《うめ》の実《み》落《お》ちても見もしまい。

焼栗《やきぐり》、ゆで栗《ぐり》、ヤ、イ、ユ、エ、ヨ。
山田《やまだ》に灯《ひ》のつく宵《よい》の家《いえ》。

雷鳥《らいちょう》は寒《さむ》かろ、ラ、リ、ル、レ、ロ。
蓮花《れんげ》が咲いたら瑠璃《るり》の鳥《とり》。

わい、わい、わっしょい。ワ、ヰ、ウ、ヱ、ヲ。
植木屋《うえきや》、井戸換《いどが》え、お祭《まつり》だ。

っていうんですね。

こんなのが、なかなか口調がいいんでぼくはすぐ憶えました。国語の勉強のつもりはないんですよ、単にことば遊びとしておもしろかったんです。

そのラジオ番組では聴取者が投書してきたこの「五十音」の詩の続きを紹介してました。白秋の詩はワキウヱヲまでしかないから、ガギグゲゴからパピプペポまで、濁音半濁音の詩を作った人がいたわけです。これは一度しか放送されなかったんで、よく憶えてはいないんですが、いまとっさに作ると「がま蛙ゲロゲロガギグゲゴ」という感じですね。放送されたやつを一行だけ憶えてて、それはパ行の最後「天火でパチパチピーナッツ」でした。

こういう投書の詩は白秋のオリジナルに比べると格調が低いというか、詩としてたいしたものじゃないな、ということが子ども心にもまあわかるわけなんですけども、そういうことよりも、オリジナルの詩に対して、その続きを作ろう、という行為がぼくの興味を惹《ひ》きました。まだ自分でそれをしようとしたわけではないんですが、そういうことがおもしろいものだというふうには思わせてくれたんです。

「いろは」は、「いろはにほへと、ちりぬるをわか、よたれそつね、……」なんていうふうに子どもですから意味もわからず丸暗記しましたけれども、もちろん「いろは」は「色は匂へど散りぬるをわが世誰ぞ常ならむ有為の奥山今日越えて浅き夢見し酔ひもせず」という歌です。読み人知らずということになっておりますが、一説では空海、弘法大師の作だとも言われています。

これは、「ん」とか濁点を抜かした四十七文字、いろは四十七文字を――『仮名手本忠臣蔵』なんていう題名は、四十七士だからそれに引っかけているんですけれども――その四十七文字を全部使って、しかも二度ダブらないで歌を作るということで考えられた歌です。そういう条件をクリアしながらちゃんと意味が通じるというのはたいへんむずかしいことば遊びだと思うんですが、もちろんこういう試みは昔からたくさんあったらしいです。その中の「いろは」というのが一番よくできているというので人口に膾炙《かいしゃ》した。

あ、いまぼく「人口に膾炙」なんてことばを使いましたけど、若い人はこんなこと言わないでしょうね。ぼくも日常会話の中で「蛇足」とか「五十歩百歩」以外にこういうことばを使うことはめったにないんですが、「呉越同舟」なんて言わないんですが、「人口に膾炙」は時々言っちゃうようです。「膾」はなますですね。食べ物のなます。炙はあぶるという字で、肉をあぶったやつ。なますとあぶった肉がおいしいというので人々に好かれてポピュラーになった。大勢の人の口に入った。ナタデココみたいに流行った(笑)わけですね。それで世の人に知れわたることを「人口に膾炙する」と言います。で、「いろは」もそうだったわけです。

さっき「いろはにほへと、ちりぬるをわか」というのは変な憶え方だと言いましたが、ちょっと黒板を使って書いてみます。

いろはにほへと
ちりぬるをわか
よたれそつねな
らむうゐのおく
やまけふこえて

あさきゆめみし
ゑひもせす

こういうふうに、七、七、七で、最後が五字ですが、一番下を右から横に読むと、「とかなくてしす」になる。昔は濁点を書きませんでしたから、これは「咎なくて死す」、罪がないのに殺されちゃったということばになるという説があるんですね。無実の罪で牢屋に入れられて殺された人が、あるいはそういう人の友だちが作ったという説なんです。ちょっとこじつけかなという気もするんですけどね。しかしこういう探偵小説のようなお話もぼくは大好きです。

この歌が「いろは順」というふうに利用されているわけですが、明治時代に、黒岩涙香という翻訳家がいました。黒岩涙香は、『モンテ・クリスト伯』を『巌窟王』、それから『レ・ミゼラブル』を『噫《ああ》無情』と訳しました。そういうふうに言語感覚のちょっとおもしろい人で、『レ・ミゼラブル』を「悲劇的な人々」というふうに現代ふうに訳すのではなくて、『噫無情』とした。

中の文章も、どっちかというと講談本のようにおもしろく読めるように工夫をして訳した人で、明治時代の翻訳家としては、外国の小説を日本人に非常に親しみやすくした功労者だと思うんですが、この人は新聞記者でもあって、新聞社を作ったこともあります。小さな新聞だけれども、「萬朝報」という新聞を出していたことがありました。あるときこの黒岩涙香が、四十七文字に「ん」を足した四十八文字を全部折り込んだ、「いろは」にかわる新しい歌を作ろうと思い立って、自分の新聞で一般公募をしたんです。

ずいぶんたくさん集まったんだそうですが、上位何編かが発表になりました。そのうちのトップはなかなかよくできていて、

とりなくこゑすゆめさませ
みよあけわたるひんがしを
そらいろはえておきつべに
ほぶねむれゐぬもやのうち

というんですね。「鳥啼く声す夢覚ませ　見よ明け渡る東を　空色栄えて沖つ辺に　帆船群れゐぬ靄の中」です。

「色は匂へど」というほうはちょっと観念的で、いまのぼくたちにはよくわからないところもあるんだけれども、この「鳥啼く声す」というのは具体的な情景が浮かんで、なかなかよくできたものだと思います。この「萬朝報」という新聞社では、なるべくこっちを使いましょうなんていう運動をしたらしいんですが、そうはなりませんでした。なんといっても「いろは」が圧倒的にポピュラーですから。ただし、ぼくの小さいとき、小学校のころに「いろは」に関する本を読んだら、「いろは」順もあるし、「とりな」順というのもある。「とりな」順というのも一部では使われているみたいなことが書いてありました。現実に「とりな順」が使われた例は、ぼくはまだ見たことはないですけれども。

マザー・グース

終戦後の小学校、ぼくの小学校四年生から六年生まで、柳内達雄さんという先生が担任でした。ぼくの通ってた小学校は、ふつうの区立のなんでもない小学校だったんですが、この柳内先生はたいへんユニークな人で、教科書をあまり使わない。とくに国語に関しては自分の好きなものを使うんです。

「赤とんぼ」という、ちょうどぼくが小学校四年の四月から創刊された子どもの雑誌があるんですが、この「赤とんぼ」の創刊号からしばらくケストナーの『飛ぶ教室』が連載されて、これでぼくはケストナーを知って、それからしばらくたってから『ビルマの竪琴』が連載されました。

そういうちょっとユニークな子どもの雑誌だったんですが、この先生は、こういう雑誌をほとんど教材みたいにして使っていて、それが教科書よりもぼくたちにとっても確かにおもしろかったと思います。

『ビルマの竪琴』なんかもそうなんですけれども、それよりもぼくが関心があったのは、ページのちょっと空いたところに小さな短い詩が載ってるんですね。

こうもり　こうもり
飛んで来い
帽子の下まで
やって来い

みたいな。それでちょっとバタくさいイラストレーションが入っていて……。当時はイラストレーションなんてことばはないですよ。挿絵とかカット、そういうものが入ってて、その絵とその短い詩がたいへんおもしろくて、ぼくは関心をもちました。

それが、いま思えばマザー・グースだったんです。だれが訳したとも、とくにマザー・グースとも書いてなかったんですけれども。その中にこういうのがあります。これは暗記はしてないので書いてきたものを読みます。

よいこらどっこい
すたこらさ
浮かれた子猫の
ヴァイオリン
子牛は三日月
とびこした
子犬はゲラゲラ
笑い出す
お皿とおさじが

かけ出した
よいこらどっこい
すたこらさ

っていうんです。有名な「猫とヴァイオリン」。絵でもおなじみのものですね。

このへんがぼくがマザー・グースを意識したほとんど最初なんですけれども、考えてみると、もっと前に「ロンドン橋が落ちた」というのは多少は知ってました。それから、ぼくがほんとうに小さいときに、絵皿とスプーンでご飯を食べてたというようなころ、ぼくにあてがわれた絵皿に女の子が羊を抱いている絵が描いてあって、たいへんおぼろげな記憶ですが英語が書いてあったと思います。そうだとすればそれは Mary has a little lamb ですね。たぶんそうだったと思うんですが、マザー・グースとは意識しないんだけれども結果的にマザー・グースがおもしろいなと思ったのは、「赤とんぼ」が最初です。

この「よいこらどっこい　すたこらさ」っていうのは Hey diddle, diddle ですね。

原詩を読みます。

Hey diddle, diddle,
The cat and the fiddle,
The cow jumped over the moon;
The little dog laughed
To see such sport,
And the dish ran away with the spoon.

ですね。The cat and the fiddle の fiddle というのは、訳せばヴァイオリンですけれども、ヴァイオリンというと、クラシックの、ハイフェッツとかアイザック・スターンが弾く立派な楽器を連想するんですが、フィドルというと西部劇に出てくるキコキコっていうような、ああいう感じです。

『屋根の上のバイオリン弾き』というミュージカルは、FIDDLER ON THE ROOF

The cat and the fiddle

典型的なマザー・グースのさしえ

ですよね。この題名はシャガールの絵にヒントがあるんだそうですが、屋根の上で浮かれてキコキコとヴァイオリンを弾いてても、いつ落っこちるかわからないという、不安定な心情をあらわしてます。だから立派な演奏家の楽器じゃない。猫も弾きそうなヴァイオリンです。

これを北原白秋がもっと昔に訳してます。北原白秋の訳は、

へっこら、ひょっこら、へっこらしょ。
ねこが胡弓《こきゅう》ひいた、
めうしがお月さまとびこえた、
こいぬがそれみてわらいだす、
お皿がおさじをおっかけた。
へっこら、ひょっこら、へっこらしょ。

Hey diddle, diddle というのが、さっきの「赤とんぼ」だと――これはだれが訳し

たかわかりませんが――「よいこらどっこい　すたこらさ」だったし、北原白秋は「へっこら　ひょっこら　へっこらしょ」なんですね。
長谷川四郎という詩人は、

ヘーイ　ディドル　ディドル
猫がバイオリン
ひっさげて
キーキーキー
牝牛が月をとびこえて
犬ころそれ見て笑いこけ
お皿がスプーン追っかけて
トントコトントコ
かけってった

おもしろいんで、いろんな人が訳しているのをもっと調べてみました。
酒井チエさんという人は、

ヘェイ　ディドゥル　ディドゥル
ねえ　おかしいじゃない。
猫さんが　フィドゥル弾いたんだって。
牛さんが　月よりも高く跳んだんだって。
それを見ていた　犬さん　もう大笑い。
お皿とスプーンなんて　逃げ出しちゃったくらいです。

という訳。
それから寺山修司の訳は、

猫がバイオリンを弾くと

牝牛が月を跳びこえる
子犬がそれを見て笑いだす

駈けおちだ
駈けおちだ
お皿とスプーンの駈けおちだ

寺山修司は、皿とスプーンが逃げているのをかけおちと訳している。不思議な解釈だなと思って辞書を引いたら、そういう意味もあるんですね。
そして最後に谷川俊太郎。

えっさか　ほいさ
ねこに　バイオリン
めうしがつきを　とびこえた

こいぬはそれみて　おおわらい
そこでおさらはスプーンといっしょに　おさらばさ

これがたぶん、現代では一番いい、まあ定訳といっていいものだろうと思います。

クマのプーさん

そして、ぼくの担任だった柳内先生が、「赤とんぼ」のほかにもう一つ使った教材があって、それが『クマのプーさん』だったんです。『クマのプーさん』というのは、先生が教室で読んでくれたので初めて知ったんですが、石井桃子さんの訳です。やっぱりおもしろくて、ぼくもたいへん好きになりました。クラスの人たちもみんなこの『クマのプーさん』が好きになったんですけれども、それよりもっと前、たぶん戦争が始まる前に別の出版社から同時にもう一つ別の人の訳で『クマのプーさん』が出てたんです。それも先生は持ってました。ぼくは興味があったので、先生に両方の『プーさん』の本を借りて、比較をして、そのどっちの文章がいいかという作文を書いたことがあるんですね。

あれは確かぼくが小学校の五年のときだったと思うんです。そんな小学生の子どもが比較翻訳論なんて書くのはたいしたものだとお思いになるかもしれませんが、全然そんなものじゃなくて、ここのところはこっちの本はこういうふうになっているけれども、こっちではこう書いてある。それでこっちのほうがおもしろかったと、そんな何でもないことを勝手に書いてるだけなんです。

それで、結論として、石井桃子さんという人が訳した『クマのプーさん』のほうがぼくはおもしろかったと思いました、なんていう、その程度のものなんですけれども、でも、二つを読み比べてみて、完全にこっちがいい翻訳だというふうに結論は出しているんですね。

そんな結論をなにを根拠に出したのかなとも思うんですが、考えてみると、文章が子どもにとって読みやすいということもあるんだろうけれども、もう一つ、プーさんは皆さんよくご存じだと思うんですが、例えばコブタとかゾゾなんていうのが出てきますよね。コブタは原文ではピグレット、ゾゾはヘファランプですか、そういう普通名詞と固有名詞の中間のようなことばを石井桃子さんはコブタ、ゾゾと訳した。もう一人の人はたぶん、「ブー公」とか「大ゾウ」とか、そんな訳し方をしてたんだろうと思います。石井桃子さんのほうが、当時にしては常識的ではない、ただし子どもの感覚によく合うような訳し方をしたんだろうと思います。

これは、いまは岩波で厚い本になっていますが、『クマのプーさん』と『プー横丁』ともともと二冊の別の本でした。正編続編ですね。『クマのプーさん』が好評だったから、作者のミルンさんは『プー横丁』も書いたんでしょう。

その二冊を何度か読んでいるうちに、石井桃子さんの訳がぼくはいいと思いながら、どうしてもわからないところが二か所あったんです。

その一つは、イーヨーがしっぽをなくして、プーさんが探しにいくっていうところがありますね。それで、森のフクロに相談をすると、フクロがアイデアを出す。フクロが「まず懸賞にする」って言うんです。そうするとプーさんが、いまあなたがせきをしたからなんだか聞きとれなかった、と言う。フクロがまた「懸賞です」って言うと、「ほらまた、せきした」とプーさんが言う。ここのところがぼくは全然わからなかったんですね。なんで「懸賞」って言ったら、せきをしたと思うんだかわからなくて、わからないまま年月はたちました。

ぼくは、高校生になって初めて丸善かどこかで『クマのプーさん』の原書を買ったんです。それで、気になるそこを見たんです。そうしたら、これは、フクロが、The thing to do is as follows. first,（つぎのごとくであります。第一に、）Issue a reward. と言っているんですね。Issue a reward、直訳すると、賞金をかけることを公表するということですが、このIssueというのがくせものでありまして、例えばコケコッコーがCock a doodle doo になるように、ハックションが英語ではAhchooかAtishooなんですね。Issueも音が近いでしょ。だからIssueってフクロが言うと、「あなたはくしゃみをした」You sneezed とプーさんは言っているんです。これで初めてわかったんですね。

わかったけれども、高校生のぼくはどうすることもできない。わかっただけなんです。ただ、たまたま小学校でぼくの同じクラスにいた友だちが、やはり偶然にずっと気になっていたらしくて、同じころに原書を手に入れて、そこを読んで、わかったと。それで彼は、ぼくと違って石井桃子さんに手紙を出したんです。子どものころ、あの部分を読んだけれどもわからなかった。ぼくとしては提案があるんだけれども、と言って彼のアイデアを出しました。

それは、「懸賞」ではなくて、「薄謝」にしてください。フクロが「ハクシャ」って言うから、プーさんがくしゃみをしたと思う、という提案をしたんですね。これはなかなかうまい訳で、彼がそういう手紙を出したと言うから、ぼくはつくづく感心したんですけれども、気をつけて見ていたら、その次の版から彼のアイデアが採用されて、活字の上でも「薄謝」になっていたんです。

これはほんとに驚きました。ぼくが子どものころ読んだのは「懸賞」でしたけど、いま皆さんが読むのは「薄謝」になっています。ですから、その高校生のアイデアが採用されたんですね。彼のところに礼状が石井桃子さんから来たかどうかは聞き漏らしましたけれども。

ぼくはいろいろなことばのことを憶えてはいても、そのときまで自分の発想でことば遊びを考えようということはなかったんですけれども、彼がそういうことをやった、そのアイデアがとても優れていた、しかも採用されて印刷にまでなった、というんで、ぼくもかなり影響を受けました。つまり人のやったことば遊びを読んだり聞いたりして楽しむ、それを憶える、というだけじゃなくて、自分も試みてみよう、ということです。

それから、もう一つ『クマのプーさん』の中でわからないことがありました。プーさんというのはしょっちゅう詩を作って自分で歌いますよね。プーさんが歌う歌に「カトルストン　カトルストン　カトルストン・パイ」というのがあるのを憶えてらっしゃる方も多いと思うんですが、その中に「スズメは　はえないが　ハエはすずめる」というところがあるんです。これが長いことどうしてもわからなくて、でも、考えると、雀は地面から生えないけれども、ハエは暑いとき涼むことができるという意味なのかな、と思えば思えるんですが、それでもなんでそうなんだっていうのがよくわからなかったんですね。で、同じくその原書を買ったときに、その部分を見たら、

Cottleston, Cottleston, Cottleston Pie.

とあって、

A fly can't bird, but a bird can fly.

と続くんです。つまり fly は「ハエ」でもあるし「飛ぶ」でもあることと、bird は「鳥」と「鳥に餌をやる」という意味があることを使って、それをおもしろく歌にしている。英語だとおもしろいんですが、日本語には訳すことがほとんど不可能だと思います。ぼくも小学校の友だちの影響を受けて、なんとかこれを訳して石井桃子さんに投書したいなと思ったんですが、どうすることもできませんでした。

まあこんなことから、原文をあたってみないと訳文だけではわからないこともある、ということを知りました。ふつう外国のものは翻訳で読むわけですけど、どんな名人でも語学に堪能な人でも、日本語にできない外国語の言いまわしがあるんですね。

『不思議の国のアリス』が名作童話だというので、読んだのは中学生のときだったと思いますが、これがちっともおもしろくなかったんです。そのおもしろさが少しだけわかったのは高校に入ってからです。それはディズニーのおかげでした。

ウォルト・ディズニーは世界の名作をみんなアメリカナイズしちゃうって悪く言う人もいます。それも一理あると思いますが、ぼくにとってはちょっとちがう。ぼくの高校時代に『不思議の国のアリス』がディズニー映画になりました。ぼくはそれを観たあと、アメリカで出版されたその絵本版を買ったんです。子ども向きのやさしい英語の絵本だったので、まあ理解できました。そこに不思議な昆虫が登場するんです。bread-and-butterfly とか rocking-horse fly とか。バタフライは言うまでもなく蝶々ですが、これにブレッドがつく。ブレッド・アンド・バター、バターとパンですね。それにバタフライがひっかかってます。絵はトーストが翅《はね》になった蝶でした。ロッキング・ホースは木馬、ホース・フライは虻《あぶ》です。これも二つのことばをくっつけたことば遊びになってます。絵は翅のはえた木馬でした。

この本でぼくははっと気づいたんです。目からウロコが落ちるってやつですね。つまり『不思議の国のアリス』はことば遊びがつまった本なんだ、そこを見過ごすとおもしろさもわからない、ということがわかったわけ。いまのブレッド・アンド・バタフライなんかは『鏡の国のアリス』のほうに出てきますが、「パン蝶」と

「不思議の国のアリス」に出てくるモック・タートル

モック・タートルなんていう亀は実在しません。

タートル・スープ（海亀スープ）は高級料理で値段も高い。それでモック・タートル・スープという安いスープが作られました。mockはニセモノのこと。つまり「インチキ海亀スープ」ですね。ここからルイス・キャロルは「インチキ海亀」という生物を創造しました。それがモック・タートルです。

か「木馬アブ」と訳したんじゃおもしろさが伝わりませんね。だから原文を知らずに『不思議の国のアリス』が傑作だと言う人は、英語圏での評価を鵜呑みにしてるだけじゃないかと思っちゃうんです。

ついでですが、いま使った「目からウロコが落ちる」ということば、ぼくはこの表現は中国の故事からきてると勝手に思ってたんですが、調べてみると新約聖書なんですね。使徒行伝にでてきます。

キリスト教徒を迫害してた男が、ある日また誰かをつかまえに行こうとしたら、天から光が降りそそいで倒れて、起き上がったら目が見えなくなっていた。天からキリストの声が聞こえて、どこそこの町に行きなさい、と。その町に行ったらキリストの弟子が出迎えて手をとりました。すると目から魚のウロコのようなものが落ちて、また見えるようになった。彼はすぐキリストの信者になった、とこういう話です。

話を戻しますが、それからずっとずっとたって、もうぼくもすっかりおじさんになってから、いずみたくさんという作曲家がいますけれども——亡くなりましたが

――いずみたくフォーリーズというミュージカル劇団をもっていて、その劇団のためのミュージカルを考えてくれないかと依頼されて、ぼくは『クマのプーさん』をミュージカルにしたことがあるんです。

その中で、プーさんに「カトルストン　カトルストン　カトルストン・パイ」を歌わせたんですが、ぼくは、「鳥は生え（ハエ）ない　ハエは取り（トリ）たい」っていうふうに訳したんですね。鳥とハエというのをそのまま生かしてやったんですが、それでもあんまり上手な訳とは言えません。やっぱり鳥は生えないというところに無理があるんですね。

さらにそれからまた何年かたって、福音館で出している「おおきなポケット」という雑誌からことば遊びのページを依頼されて、この「カトルストン・パイ」をヒントに日本語の歌をいくつか作ってみました。それをいま言います。

とりはとらない
とらをとりたい

字で書くとよくわかりますが、トリとトラがこんなふうに交差するというふうになっているんですね。

やまにゆきたい
ゆきはやまない

きりはつめたい
つめはきりたい

こういうのを考えるのはむずかしいんですけれども、頭をひねって思いつくとすごくうれしいもんです。

むしがはねても

はねをむしるな
これはまあよくできてるでしょ。

さけはのみたい
のみはさけたい

まちをはしって
はしでまちぶせ

むらをはなれる
はなはむらさき

このへんちょっと演歌調ですね。

にじはなみまに
なみだがにじむ

なんていうのを考えました。これはプーさんがヒントです。ヒントだけれども、プーさんと直接の関係はありません。

ここまででようやく小学校を出たくらいの話です。

Ⅱ

折句

中学になってから、アサヒビールの新聞広告を見ました。アサヒビールというのはサイダーも出してて、サイダーは三ツ矢サイダーというんですね。こんな話をしてるけど、アサヒビールの宣伝をしようっていうんじゃないんですよ。ただよく憶えてる広告があるので、その話をちょっとしたいんです。書いてみます。

懸賞募集の広告です。「アサヒビール」「三ツ矢サイダー」となっていて、この中に字を一字ずつ入れていってちゃんと文章を作りなさい、こういう広告なんです。

いまはあまりこういう広告は見ないですが、気のきいたもんだと思います。

			ア			
三	ツ	矢	サ	イ	ダ	ー
			ヒ			
			ビ			
			ー			
			ル			

いまは例えばハコネビールというのがあるとして、ハコネビールの広告にこんなのが出ます。「○コ○○ール」。○の中に字を入れてください、正解者何名に抽選でハワイ旅行、なんていうやつ。人をバカにしてるんじゃないかと思いますね。機械

が発達して人が身体を使わなくなって、ついでに頭も使わなくなっちゃったのかと思います。

このアサヒビールの広告に応募しようと思ったんですが、ぼくは中学生でしたから、ちょっと考えたんだけれども、やっぱりお手上げなんです。しばらくして発表になりました。ぼくは二位のやつを憶えているんです。

く	て	を	ア	が	ら	私
ミ	ツ	矢	サ	イ	ダ	一
ん	ん	庭	ヒ	つ	か	人
さ	と	に	ビ	濡	れ	が
が	爪	干	ー	れ	た	女
り	び	し	ル	た	袖	な

中学生のときにこれを憶えたというのはずいぶん生意気な中学生ですが、非常に

粋筋の「私一人が女なら　抱かれた袖がいつ濡れた　アサヒビールを矢庭に干してツンと爪弾く三下がり」というんですが、これが二位です。なぜ二位のやつを憶えていて一位のを憶えてないのか。たぶん一位はもっと真面目な作品だったんだろうと思います（笑）。

もう一つ知っているのがあって、これは、作家の永井龍男さんが作ったものなんですね。

き	待	に	ア	け	す	窓
三	ツ	矢	サ	イ	ダ	ー
味	身	も	ヒ	の	れ	ぱ
の	に	た	ビ	空	腕	い
お	つ	て	ー	回	に	の
と	ら	も	ル	り	と	青

「窓いっぱいの青すだれ　腕に時計の空回り　アサヒビールに矢も盾も　待つ身につらき三味の音」

ただし、これは落選したんだそうです。相当うまいとぼくは思うんですが、落選ですって。なぜ落選した作品をぼくが知っているかというと、ぼくがとても影響を受けた、ぼくに似顔の楽しさを教えてくれた清水崑という漫画家、新聞の政治漫画がぼくは好きでしたが、河童の漫画でもおなじみでした。清水崑という人は、いろんな人にインタビューをして、その人の似顔絵を添える、という仕事も得意だったんです。作家の永井龍男さんのところにインタビューにいったら、永井さんが笑いながら落選したけどと言ってこれを教えてくれたわけです。

清水崑さんは、これをその記事の中で紹介したんですね。ぼくは、清水さんのインタビューにたいへん興味がありましたから、中学生だったけれども、それで憶えました。

文学の世界では折句というのがありまして、歌の中に別のことばを折り込むという、代表的なものは『伊勢物語』の中の折句です。『伊勢物語』というのは在原業平がモデルだといわれていますが、「昔、男ありけり」、その男が仲間と旅に出る。ご飯を食べようとひと休みしていると、そこの沢にかきつばたが咲いているので、仲間の一人が主人公に、かきつばたという文字を入れて旅の心を詠めと言う。たちまち業平らしい男は歌を詠むわけですね。

唐衣きつつなれにしつましあればはるばる来ぬる旅をしぞ思ふ

この五・七・五・七・七のそれぞれの頭に、か、き、つ、は、た、というふうに折り込まれている。これがうまくできているというんで、仲間たちが「乾飯に涙おとしてほとびにけり」と『伊勢物語』に書かれてます。乾飯というのは乾燥したご飯ですね。当時のインスタント食品みたいなもので、これをお弁当に持っていってた。仲間は折句に感動してその上に涙をこぼしたもんだから、乾飯がふやけちゃった、とこういうわけですね。これが日本文学における折句の代表的なものだというふうに言われております。

HEAD
↓
HEAL
↓
TEAL
↓
TELL
↓
TALL
↓
TAIL

ルイス・キャロルが発明した「ダブレット」という文字ゲーム。スペルを一字ずつ変えて、HEAD（あたま）をTAIL（しっぽ）にしてゆく。BLACKをWHITEにしてもいいし、BIRDをFISHにしてもいい。ぼくも日本語でやってみました。

あたま
↓
あんま
↓
さんま
↓
さんぽ
↓
しんぽ
↓
しっぽ

この手のものでは「おみなへし」を詠みこんだとかね、いろいろやってます。当時は和歌がラブレターの役割もしていたから、言うに言われぬ気持を折句にした、なんてこともあったでしょう。小野小町の歌に「ことたまへ」が折句になってるのがあるそうです。だれか男に「琴をちょうだい」とせびっているんですね。無心の効用もあったらしいです。

この折句というのは、英語でいうとアクロスティックです。『不思議の国のアリス』を書いたルイス・キャロルもたいへんうまくて、横に書いた手紙、英語ですから横書きに決まってますけど、一番左側の字を縦にたどっていくと、相手の名前が入っている、というようなことですね。

キャロルという人は数学の先生でしたが、ことば遊びが好きで、いろいろなことば遊びを残しています。さきほども言いましたが、『不思議の国のアリス』『鏡の国のアリス』にもことば遊びがいっぱいつまっております。

谷川俊太郎さんにも折句の名作があります。ご存じの方も多いかとは思いますが、ちょっと書いてみます。これも七字ずつですね。

あくびがでるわ
いやけがさすわ
しにたいくらい
てんでたいくつ
まぬけなあなた
すべってころべ

こんな手紙が女の子から来たら最初はほんとにがっかりすると思うんですが、もうおわかりのように、頭の一字を順に読めば「愛してます」になるわけですね。がっかりしたあと大喜びするようにできてる。これは谷川俊太郎作の折句であります。いまわざと横書きで書きましたけれども、縦に書くとこうなります。

あくびがでるわ
いやけがさすわ
しにたいくらい

てんでたいくつ
まぬけなあなた
すべってころべ

これだと「愛してます」を右から左へ読まなきゃならなくなります。それでもいいんだけど、ぼくにはちょっと気持が悪いんです。もともと日本語は横に書く習慣がなかったから、近代に横書きが取り入れられたとき、決まりがなくて、左から右へもあり、右から左へもあり、というふうでした。しかしいまは左から右へに統一されてますね。だから読むときはそれに従うほうがきれいです。

堅苦しいことを言う必要もないんですが、遊びというのはルールがあるほうがおもしろいと思うわけ。駒の動かし方が決められているから将棋がおもしろいみたいなもんです。ことば遊びも日本語の法則に従う。そうすると遊ぶことばも生きてくるんですね。

『ことばのこばこ』という絵本で、小さな子ども向けのこんなのを作りました。

きれいな
つきよだ
ねていられない

つまり「きつね」が隠されているわけです。これが教科書に使われました。そのときはこう組まれました。

きれいな
つきよだ
ねていられない

国語の教科書ですから縦書きにしなくちゃいけない、ということだったんでしょうけど、ぼくは知らされてなかったから、出来上がった本を見てちょっとがっかりしました。事前にわかってれば、少し書きなおしたところです。こんなふうに。

ねてられないほど
つきが
きれいだ

ね。これだとスンナリ「きつね」が浮かび上がってくるでしょう。

余談ですけど、街を歩いてて気になるのは、車に会社や商店の名前が書いてある、あれ、車の前から後ろに文字が書いてある場合が多くて、車の左側だと左から右になるからいいけど、右側だと右から左へとなりますね。和田誠商店が店商誠田和と読めちゃう。その下に電話番号が書いてあるのなんか、数字は逆になりませんから、上の段は右から左へ、下の段は左から右へなんて妙な現象が起こります。

進行方向に向かって字を並べるなんてだれが決めたんでしょうね。やっぱり左か

こんなことは(絶対に)ありませんね。

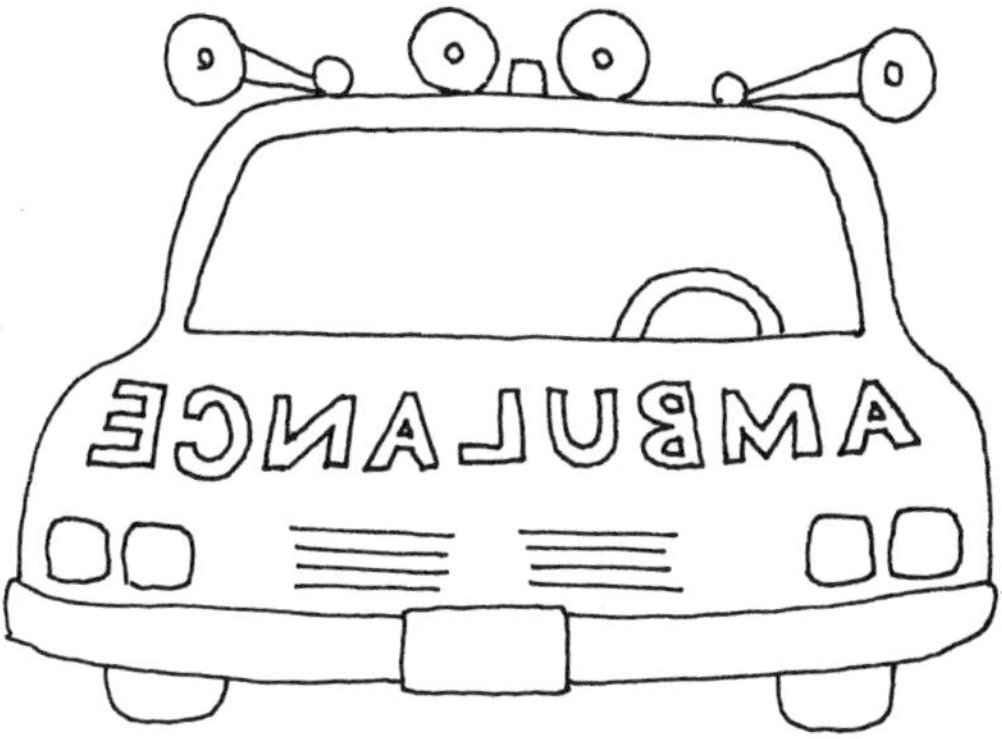

アメリカの救急車にはこんなふうに書いてある
ものがある。前を走る車のバックミラーのため。

ら右へというルールを守っておいたほうが万事便利です。「なだや」という屋号があるとして、「やだな」と読まれるのは困るでしょう（笑）。

アサヒビールの広告は「三ツ矢サイダー」がちゃんと左から右へと並んでた。これもぼくの気に入ってる点ですね。しかもサイダーの音引きを数字の一として使ってるでしょ。これも気がきいてたと思います。

アナグラム

ぼくはいまでもミステリー、探偵小説が好きなんですが、中学から高校にかけてそういうものを読み始めました。まず入門編としてはたいていシャーロック・ホームズから入ります。もう一つ、アルセーヌ・ルパンも読みました。

ルパンを読んでいておもしろいのは、ルパンというのは怪盗紳士ですから、しょっちゅう変装して、自分の職業なんかも変えながら、あっちこっちに出没する。出没するときにルールがありまして、アルセーヌ・ルパンという字を、そのスペルをばらばらにして、もう一回組みかえて別の名前にして、その名前で違う人物になりすまします。

例えばポール・セルニーヌという貴族、あるいはルイス・ペレンナというスペイン人が謎の人物として登場しますが、いずれもARSENE LUPINのスペルを並べかえたものです。そういうルールを自分で作っている。

吸血鬼ドラキュラも同じことをするんですね。ドラキュラDRACULAという怪物もやっぱりスペルを並べかえて、アルカードなんていう名前になって出てきたりします。

谷川俊太郎さんが若いころショート・ショートを何編か書きました。その中に吸血鬼ものがあります。ぼく挿絵を描いたのでよく憶えてるんですけど、その名前が有門《あるかど》なんですね。日本の話だけどそういうルールをふまえてるのがおもしろいと思いました。ただしぜんぜん種あかしをしてなくて、わかる人にだけわかるようになってました。

そういう例は、ペンネームを作るときなんかに、ときどき日本の人もやるんですが、泡坂妻夫という現代の日本の推理小説作家がいます。この人は推理小説以外に職業をもっていて、それは着物に紋章を入れるという仕事だそうですが、そっちのときは本名を使う。ペンネームは、本名のいま言った並びかえ、アナグラムといいますけれども、そのアナグラムになっているんだと読んだことがあるんで、じゃ本名はなんだろうと思って、ぼくは自分で考えました。

アワサカツマオという字をじっと見てると、アサオという三文字が浮かび上がってきた。で、たぶん、名前がアサオじゃないかと。あと残りますね、ワカツマの四字。これを入れかえてワカマツ。だから、ワカマツアサオになります。すっきりしてますね。これが本名にちがいないとぼくは思ったんですが、でも正解を聞くと、ぼくの推理は全然間違いでした。この人は厚川昌男というのが本名なんだそうです。しかし若松浅男も捨てがたいのでね、剣豪小説でもお書きになるときはこれを使っていただけないかと（笑）。

アナグラムというのはおもしろいんで、ぼくも試みたことがあるんですが、NHKのディレクターをしていたワタカベアキラさんという人がいます。クラシックの音楽番組をおもしろくエンターテインメントとして作っていたディレクターなんですが、むずかしい名前で、文字で書くと渡壁煇です。音楽番組の優秀なディレクターなんで、例えば岸洋子さんなんかが、この人に自分のコンサートの構成や演出を頼みます。そのコンサートのポスターをぼくが描いたもんですから、演出・渡壁煇と書こうとしたら、渡壁さんは、自分はNHKの職員だからポスターに名前を出すのは内職がバレちゃうから困ると言うんです。

演出家だれだれというのがなくて、いきなり照明だれだれというのもポスターづらがちょっと格好つかないから、名前を入れさせてくださいと頼んだんですね。そしたら彼は、適当にペンネームのようなものを作って入れといてよと言うわけ。人のペンネームをつけるのもいいんですけどね、いい加減に「演出太郎」なんてつけるわけにもいかない（笑）。なにか工夫がほしい。で、アナグラムでいこうと思ったんです。

このワタカベアキラという七文字を入れかえて、こういう名前をつけてあげました。キベカワアラタっていうんです。樹辺川新と書きます。川のほとりに新しい木が一本生えたみたいで、けっこうきれいな名前でしょう。渡壁さんはたいへん喜んでくれて、しばらくNHK以外の仕事をするときにはこれを使っていましたが、N

HKをやめて、いまはサントリーホールのトップの人になっています。もう本名を使ってもかまわなくなりましたので、この名前は必要なくなって、残念ながら消滅しました。

　この渡壁さんがNHK時代に作った番組で芥川也寸志さんと一緒に司会をしてたのが黒柳徹子さんです。黒柳さんは渡壁さんから樹辺川新という名前の話を聞いて、おもしろがって私にもつけてみてよ、とぼくに言うんです。それで彼女の名前のアナグラムもやってみようと思ったんですね。ところがどっこいむずかしい。クロヤナギテツコでしょ。ロとかギがなかなか利用できないんです。苦心してやっと一つ作りました。ミドル・ネームが間に入ります。

納屋ロッテ小菊

この珍しい名前から黒柳徹子さんを連想するのはむずかしいと思います。けっこうよくできたアナグラムだと思いますし、黒柳さんも気に入ってくれてはいるんですが、樹辺川さんのように実際に使われたことはありません。黒柳さんは変名を使う必要はないですもんね。

福永武彦という小説家がいますけれども、この人は、探偵小説を書くときは、加田伶太郎という名前にしてました。このカダレイタロウというのは、「誰だろうか」ということばのアナグラムであります。

自分の名前で遊ぶ人も多くて、江戸川乱歩という作家がいますね。江戸川乱歩はもちろん、エドガー・アラン・ポーをそのまま日本字に置きかえた名前ですね。土井晩翠という、「荒城の月」を作った詩人は、あれはドイバンスイではなくて、ツチイバンスイというのがペンネームをつけたときの読み方です。これはどこからきたかというと、『宝島』を書いたスティーヴンスンです。スティーヴンスンは詩人でもありましたから、これを日本ふうにしてツチイバンスイとしたんですね。

それから、わりと最近亡くなりましたけれども、益田喜頓という喜劇俳優がいました。これは、サイレント時代のドタバタ喜劇をやったアメリカのバスター・キートンからとっている。谷啓という「ガチョーン」をやる人、あの谷啓はダニー・ケイですね。ダニー・ケイを日本字に置きかえたものです。

外国人の名前をとったんじゃなくても、名前のつけ方のおもしろい人はたくさんいて、二葉亭四迷という昔の作家がいますが、これは自分の父親に、小説家になるなんてとんでもない、「くたばってしめえ」と言われたんだそうです。それをそのまま「ふたばてえしめえ」とつけた。

それから、山茶花究という俳優、コメディアンだったんですが、年取ってから少し悪役なんかをやって、黒澤さんの『用心棒』の片方の親分をやった山茶花究、これは山茶花といううきれいな字を書きますけれども、三三が九ですね。八波むと志という若くて亡くなったコメディアン、これは八八・六十四からとってます。三三が九よりだいぶ多い。

千田是也という新劇の俳優、演出家でもありますが、本名は伊藤さんです。先ほどの落合さんの講演で朝鮮の人たちがいじめられる話が出ましたが、関東大震災のときも災害のドサクサにまぎれて朝鮮人が井戸に毒を入れるといったバカなデマを飛ばした日本人がいて、朝鮮の人たちがひどい目にあった。そのときにこの伊藤さんは千駄ヶ谷を歩いていたら朝鮮人と間違えられて殴られたりしたんだそうです。伊藤さんは反権力の人ですから、こういうことを忘れないようにと、千駄ヶ谷のコリアン、千田是也とつけたんですね。

それから、『麻雀放浪記』を書いた阿佐田哲也さん、麻雀が好きですから、これはもう、「朝だ、徹夜」っていう(笑)、そういう名前です。

ギル・エヴァンスというジャズのアレンジャーでバンド・リーダー。この人のアルバムに『スヴェンガリ』というのがあります。スヴェンガリはイギリスの『トリルビイ』という小説に出てくる催眠術を使う怪人物ですね。映画にもなってる。このスヴェンガリ SVENGALI のアナグラムがギル・エヴァンス GIL EVANS になります。これは偶然が生んだアナグラムなのか、ギル・エヴァンスと芸名をつけるときにスヴェンガリを使ったのか、よくわかりません。

フランク・シナトラは自分のプロダクションにアータニス ARTANIS という名前をつけました。これは単純に SINATRA をさかさから読んだものです。これは前にちょっと話の出た「さかさことば」ですね。まあ「さかさことば」も回文もアナグ

アルセーヌ・ルパンを書いたモーリス・ルブラン
(1864〜1941) と シャーロック・ホームズの生み
の親 アーサー・コナン・ドイル (1859〜1930)は
ほぼ同世代の人で、ライバルでもありました。
ルブランは ルパンものの二作目で ホームズを
登場させて 三枚目のように 扱ったのですが、
ドイルから苦情がきたので、

SHERLOCK HOLMES を
HERLOCK SHOLMES と

変えました。Sをずらしただけですけどね。

「リュパン対ホームズ」の題で翻訳がでてますが、
ぼくが読んだころの邦題は「巨人対怪人」だった。

ラムの一種です。

それからフランスの映画監督にマルセル・カルネがいます。『天井桟敷の人々』を作った名監督ですが、このCARNEのアナグラムがECRANになります。エクラン。フランス語のスクリーンですね。カルネはスクリーンは自分の命だから、この偶然のアナグラムがたいへん気に入っている、と語っています。

ぼくはきょうこの場で新作のアナグラムを発表しようかなと思って、一つだけ考えてきました。

魔の写真機

これはなにかのアナグラムです。書きます。

マノシャシンキ

シノヤマキシン

篠山紀信が「魔の写真機」となるのはアイデアとしてなかなかいいでしょう（拍手）。いや、拍手していただくほどのものじゃありませんけど（笑）。
もうちょっとアナグラムの話をします。俳句を書きます。

数の子や水気を問わむいと古び

これはお正月の生活俳句ですね。数の子が古びている。

わずか見むふやけ男のビイトルズ

これは、六〇年代のおやじが新しい音楽についていけなくて、ビートルズをふや

け男と言ったというような川柳ですかね。それから、これはちょっと怖いんですが、

お岩跳びずずと毛残る闇深む

これは日本のホラーです。

「かずのこやみずけをとわむいとふるび」「わずかみむふやけおとこのびいとるず」「おいわとびずずとけのこるやみふかむ」、三句ありますが、全部同じ字が使われています。これはすべて「古池や蛙とびこむ水の音」のアナグラムなんです。「ふるいけやかわずとびこむみずのおと」、これをばらばらにして組みかえると、こういう俳句になる。

「数の子や」と「お岩跳び」は、土屋耕一さんという、本業はコピーライターですけれども、ことば遊びの名人がいて、この人が考えました。「ふやけ男のビイトルズ」というのは、その人の後輩の、やはりコピーライターの岩永嘉弘さんが作ったものです。

ぼくも真似して、「古池や」のアナグラムを一つ作って土屋さんに見せたことがあります。

むずと蹴るお宮恋人不和の図か

というのがぼくの作で、「金色夜叉」のワンシーンです。あまりいい出来じゃないですけど。

回文

ぼくが昔、デザイン会社に勤めていたときにこの土屋さんと同じ会社にいて、よく一緒に会議に出ました。広告の会議で会社の状況の説明なんてのをだらだらされることがあって、そういう時間は退屈ですから、ぼくは似顔描いたり漫画描いたりしてるんですが、ふっと横を見ると、土屋さんは原稿用紙になんか字を書いている。彼は回文を考えていたんですね。

昔の回文、「このこねこのこ」なんていうのはごく単純ですが、土屋さんの考える回文はたいへん高級で、同じ「猫の子」でも、

軽い機敏な仔猫何匹いるか

というのを作りました。きれいに回文になっています。それから、

滝に目がなく眺めにきた

というのがありました。

力士手で塩なめ直し出て仕切り

これは五七五の俳句の形になっている見事な回文です。

英語にも回文はあります。ただし文字とことばの関係が日本語と違うので、「軽い機敏な仔猫何匹いるか」のような複雑な回文を作るのはむずかしいでしょうね。

有名なのは、

"Madam, I'm Adam."

というやつね。アダムが名乗る。名乗られた相手が、

"Eve."

と自分の名前を言う。こっちも回文になっているというオチがついてます。

七五調

さっきから「牡丹に唐獅子竹に虎」だとか、「水馬赤いなアイウエオ」だとか、記憶でいろんなことを言ってますが、記憶できるというのは、ことばの調子がいいからなんですね。

この調子のよさというのは、主に七五調にあります。だから七五調が素晴らしいかというと、必ずしもそうではなくて、例えば交通標語に多いんですが、「とびだすな車は急にとまれない」とか「ちょっと待てまずは確認右左」とかいうふうな熟成されてない七五調というのはあまり感心できません。七五調に収まっていることで安心してるようなイージーさがあって、ことばが上すべりしてる。とりあえず七五調が標語のしきたり、というお役所的な気分も困りますね。

しかし七五調は日本古来の伝統でもあって、日本語と七五調のリズムがよく合っている、ということも事実です。実際七五調だと憶えやすいわけですね。「春高楼の花の宴　めぐる盃影さして」にしても、「箱根の山は天下の嶮《けん》」にしても、「春のうららの墨田川」にしても、七五調ですよね。

歌謡曲がやっぱりそうで、「若く明るい歌声に　雪崩は消える花も咲く」とか、「一人酒場で飲む酒は　別れ涙の味がする」なんてそうだし、「着てはもらえぬセーターを　涙こらえて編んでます」とか、だいたい七五調というのはずっと日本の伝統としてあるんですが、タイプの新しい歌の場合は必ずしも七五調でなくてもいいんじゃないかというんで、例えば永六輔さんは、「上を向いて歩こう　涙がこぼれないように」という七五調を破った詞を書きます。ところが、この曲を聞いてみると、「うえをむういて　ああるこおおお」というふうになって、やっぱり七五調に戻っているんですね（笑）。日本人が歌の中の七五調から脱却するのはなかなかむずかしいのかなと思いましたけども。

でも、もっと若い世代になると、例えば「あなたはもう忘れたかしら　赤い手ぬぐいマフラーにして」とか、少しずつ変わってきますね。「さびしさのつれづれに手紙をしたためています　あなたに」というふうに、七五調から離れていきます。

じゃ若い人は完全に七五調離れしてるのかというと、これは阿久悠さんから聞いた話ですけど、歌詞を一般公募して審査してみると、若い人でも九〇パーセントは七五調で書いてくるんだそうです。歌というと七五調、と染みついてるわけですね。たぶん歌詞だけを書いていると、そうなるんでしょう。

シンガー・ソングライターは自分でギターを弾いたりしながらメロディを考えて、同時進行で詞も作りますね。作詞と作曲、別の人の場合も、近ごろはメロディ先行ということが多いんだそうです。曲に詞をあてはめるのなら七五調にこだわる必要はなくなるわけです。七五調でメロディを作るということはまずありませんから。

訳詞の場合もそうですね。先に曲があるので、「日が暮れてたどるは我が家の細道」という調子になります。これは戦前に訳詞がついた「マイ・ブルー・ヘヴン」というアメリカの流行歌ですけど。

しかしこういうこともありますね。「蛍の光窓の雪　文読む月日重ねつつ　いつしか年も杉の戸を　あけてぞけさは別れゆく」、これはもう完全に七五調ですが、原曲は“Auld Lang Syne”というスコットランドの民謡ですから、すると外国にも七五調があるのかなというふうに思います。けれども、これは Should auld acquaint-ance be forgot. で八なんですね。次は And never brought to mine. で六。日本語みたいに一字一音符ではありません。シラブル、音節が音符にはまってます。ですからシラブルで教えます。auld ac-quaint-ance というふうに。ですからこの歌は八・六調ということになります。

じゃどうして日本語に訳されると七五調になるのか。歌ってみるとわかります。「蛍のひかあり　窓のゆうき」っていうふうになっている。七五調に無理に当てはめているんで、歌う時にはまた無理に音をのばさなきゃならないんですね。

外国の歌をシラブルで数えてみると、七五調のような決まりはありません。八・四調があったり、一一・四調なんていうのがあったり。The Camptown ladies sing this song/Doo-dah! doo-dah! これはフォスターの「草競馬」ですけど八・四調ですね。

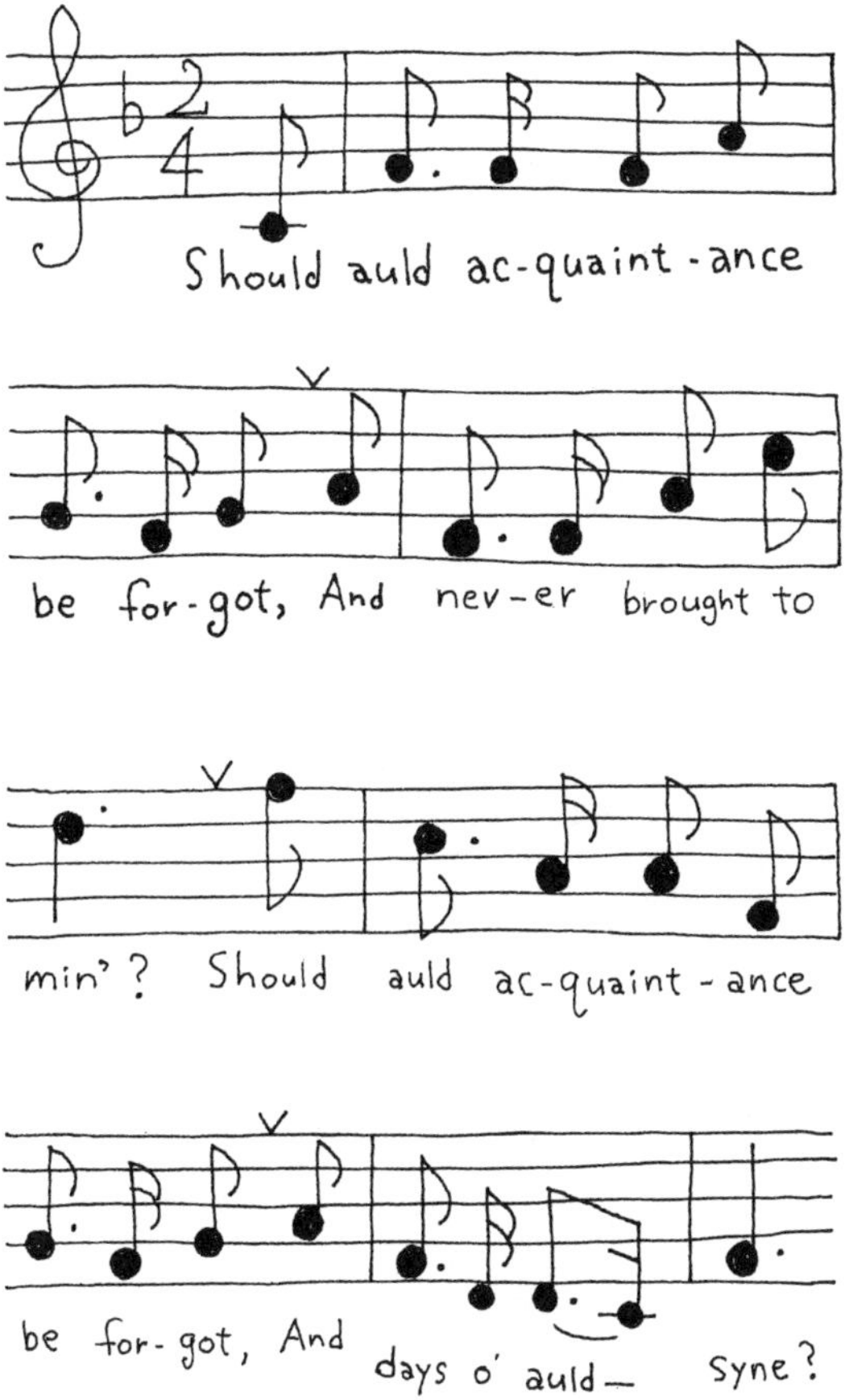
Should auld ac-quaint-ance
be for-got, And nev-er brought to
min'? Should auld ac-quaint-ance
be for-got, And days o' auld— syne?

「故郷の人々」は'Way down upon the Swanee River/Far, far away ですから九・四調です。「おおスザンナ」は I came from Alabama/with my banjo on my knee と七・七になります。七五調というようなルールはないけど、七・五のあたりにはいるんですね。人間の呼吸からしても、この周辺が歌の中の息つぎとか、都合がいいということは言えるかもしれません。

外国のいろいろな歌のシラブルを数えてみると、たまたま七五調になってるのもあって、プレスリーが歌った「ラヴ・ミー・テンダー」というのがそうなんです。Love me tender, love me sweet/never let me go で七・五です。あとのどの行も七五調になってます。ですから「ラヴ・ミー・テンダー」のメロディで日本の演歌が歌える（笑）。

韻

ぼくはアメリカの歌が好きで、終戦直後からとても興味があって、一所懸命聴いていました。やがて聴くだけじゃなく、自分でも憶えてみたくなります。で、ラジオを聴いて詞を書きとるわけですが、初めのうちは英語の詞をカタカナで書くわけです。いまのようにテープにとって、何度も聴くなんていう手段がありませんので、とにかくラジオから流れるのを待って、耳で聴いて書く。

ぼくが中学一年のときに「ボタンとリボン」という歌がはやりました。ところがどうしても「ボタン・アンド・リボン」というふうには聞こえないんです。「バッテンボー」と聞こえる。それもそのはずで、原詞はリボンじゃなくてボウでした。

ボウタイのボウ、つまり蝶ネクタイのことですね。複数になって Buttons and Bows なんですが、「ボタンズ・アンド・ボウズ」とは聞こえないのね。どうしても「バッテンボー」、よく聴いて「バッツァンボー」(笑)。こんなのをカタカナで書くんだから、意味なんて通じないんですね。

時代とともに多少情報量が増えて、ぼくがかなり大きくなってから、ようやく外国の流行歌の歌詞が活字になって見られるようになったんです。今度はそれを写したりしてましたけども、写しているうちに、あ、なんとなくルールがあるんだなと思いました。七五調のようなルールじゃなく、ことばの使い方のルールですね。

外国の流行歌にも、やっぱり月や星が出てきますよね。例えば moon ということばが出てくると、そのあと soon だとか June とかいうふうに、似たような発音のことばが並ぶことが非常に多いです。ですから六月のお月さまが歌われることが多い。star のあとにはよく guitar が出てくる。星空の下でギターを弾くわけです。

これは、ぼくはアメリカの流行歌の歌詞を写していながら気がついたんですけれども、英文学を学んだ方はとっくにわかっていることで、これはライムと言って、韻ですね。韻を踏む。押韻ということばもあります。you があると two があったり、me があると be があったり tea があったりする。だから Tea for two, me for you というふうに語呂がうまく合っている。そういうのがとても多いです。多いというか、欧米の歌の九十何パーセントはそういう構造でき上がっている。

ただしこれも、若い世代、ロックなんかになってくると、ルールなんか堅苦しいからこだわらなくてもいいんじゃないか、というふうになるのかなと思います。

さっきの講演で落合恵子さんがベット・ミドラーの「ローズ」をかけて聴かせてくれましたけど、あれには「雪の下にまだバラの種子がある」というような歌詞がありましたね。雪の snows とバラの rose で韻を踏んでます。ビートルズの「イエスタデイ」も、yesterday と far away というふうになってますね。新しい人たちの歌は昔ほど厳密にルールを守っているわけではありませんけど、ごく自然に韻を踏んじゃう、ということはあるんじゃないかと思います。

それに韻というのはただの堅苦しい形式というだけのものではなくて、詩としてことばが美しく響き合う、という効用をもつものだろうと思うんですね。

英語の詞を書きとる、ということをやり始めたのは中学生のときでしたけども、韻のことに気づいたのは大学時代でした。それまではあまり詞の意味も考えずに写したり歌ったりしてただけなんです。歌うったって人前で歌うわけじゃないですよ。一人で、例えば風呂で歌う。詞もただの丸暗記です。

けど、韻というようなことに気づくと、逆に意味が知りたくなるんですね。形式から内容に興味が移ると言いますか、形式と内容を分けて考えることはできない、と思うようになりました。

そう思って英語の歌詞を読むと、なかなかいい歌がたくさんあります。例えば「マイ・ファニー・ヴァレンタイン」というスタンダード・ナンバーがありますね。曲がきれいなんで、まず曲を憶えるわけですが、詞を読むとこういう内容なんです。

「ぼくのおかしなヴァレンタイン。優しくて滑稽なヴァレンタイン。君はぼくの心にほほえみをくれる。君の姿には笑っちゃう。写真向きじゃない。だけどぼく好みの芸術だ。君の容姿はギリシャ彫刻に劣る。しゃべるときあける君の口はちょっと変だ。君はスマート？　だけど髪の毛一本も変えないでおくれ。もし君がぼくを気にかけてくれるなら。そのままでいておくれ、可愛いヴァレンタイン。毎日がヴァレンタイン・デイだよ」

まあざっとこんなふうです。ラヴソングというと、相手を美しい、きれいだ、花だ星だと言うのが多いんですが、この場合はそんなこと言ってない。どうも不美人らしい。でも好きなんですね。そこのところがとてもうまく表現されて、新しい感じがします。しかしこの歌が作られたのは一九三七年、ぼくはまだ一歳でした。で、内容もいいんだけど韻もきれいに踏んでるんです。日本語にするとそこんところがなくなっちゃうんですが、例えば「ぼくの心」のハート、「好みの芸術」のアート、それにスマート。それから「ギリシャ彫刻」のグリーク、「ちょっと変」のウィーク、「しゃべるとき」のスピーク、という具合で形もきれいなんですね。

いま、「マイ・ファニー・ヴァレンタイン」を例にとりましたが、みなさんきっとご存じのスタンダード・ナンバーは、「夜も昼も」にしても「ビギン・ザ・ビギン」にしても「恋人よわれに帰れ」にしても「煙が目にしみる」にしても、みんなこういう形をとっています。

もちろんスタンダード・ナンバーだけじゃないです。フォスターの歌曲もそうですし、日本でもおなじみのスコットランド民謡、アイルランド民謡なんかもこういう形式ですし、ドイツ語のことはよく知りませんが、「野薔薇」なんかでも耳で聴くかぎり韻を踏んでますね。シャンソンだってそうです。

これは欧米だけの形式ではなくて、中国の詩にもあります。「少年老い易く、学成り難し」なんてのもそうですね。

少年易老学難成
一寸光陰不可軽
未覚池塘春草夢
階前梧葉既秋声

一行目の最後の文字「成」と二行目の「軽」、四行目の「声」で韻を踏んでます。

春宵一刻値千金
花有清香月有陰
歌管楼台声細細
鞦韆院落夜沈沈

別の詩ですけど、これも「金」「陰」「沈」と韻になってますね。こういうのは七言絶句という漢詩の古い形式ですけれども、新しい流行歌でも韻を踏んでるんだそうです。アグネス・チャンにそれを聞きましたが、中国でも香港でも歌はみんな韻を踏んでる。日本に来て、歌に韻がないのが不思議だったと言ってました。

しかしこれはまあ仕方がないんですね。日本語と外国語では構文が違うんだから。英語と中国語は構文が似てる。目的語が最後にくることが多いから、脚韻に使うことばの種類が豊富になります。あ、いま、脚韻ということばを初めて使いました。各行のおしりで音をそろえるのが脚韻です。英語でライム。行の頭で音をそろえるのを頭韻と言います。頭韻は英語でアリタレーションです。例えば万葉集に、

淑き人の　良しと吉く見て　好しと言ひし　芳野吉く見よ　良き人よく見

という天武天皇の歌がありますが、これは頭韻ですね。

で、いまお話ししてるのは脚韻のほうですが、日本語には向いていない、ということを言いました。でもこれもまるきりないわけじゃないんです。古くは万葉集にもそういう工夫をしてる歌があります。

いかにあらむ　日の時にかも声知らむ　人の膝の上我が枕かむ

大伴旅人の歌です。

中村真一郎さん、福永武彦さんたちがマチネ・ポエティックというグループを作って、日本語の押韻による『マチネ・ポエティック詩集』を出したことがあります。これは欧米の詩の形式を日本に取り入れられないのか、という実験でした。

谷川俊太郎さんの『ことばあそびうた』の中にもみごとに押韻がなされているものがあります。

たそがれくさかれ
ほしひかれ
よかれあしかれ
せがれをしかれ

というのなどもそう。でも谷川さんは韻を踏むことを主眼にしてるんじゃなくて、ことばで遊ぶことを第一にしてます。結果的に韻を踏むことになったり、別のおもしろさになったりするんですね。

押韻の実習

で、ぼくの自分史としてはだんだん現在に近づいてくるんですが、韻というものに興味をもったものですから、自分で韻を踏んだ詞が作りたくなった。まず英語でやりました。これはぼくが大学を出て社会人になりたてのころの話です。

ぼくは英語なんかできなかったんです。中学も高校も似顔ばっかり描いてましたし、大学は美術学校ですから英語の講義にも出ません。アメリカの流行歌の歌詞を憶えるというのが、唯一、英語の勉強だったんです、ぼくにとっては。それで英語で作詞もするようになったんですが、もちろんたいした詞が書けるわけはありません。それでもその詞に自分で曲をつけてアメリカっぽい歌を作って喜んだりしておりました。

けれどもそれがだんだんむなしくなるんですね。日本人が英語の歌作ってどうするんだ、みたいな自問が出てきちゃう。それでやっぱり日本語の詞を作ろう、と思うわけなんですが、詞を作りたいと言っても、ほんとうの詩人のように、自分の内に湧き上がったものをことばで表現しよう、というのとはちょっと違うんです。まず韻ありきで、その形を真似してみたいんですね。

さっき押韻は日本語には向いてないということを言いましたが、やってやれないことはない、というふうにも思えるんです。で、やり始めました。「UFOの歌」なんてのを作ったんですね。

宇宙はぼくらの舞台
未確認飛行物体

といった詞です。「UFO」には「GO」、「空飛ぶ円盤」には「宇宙で一番」、

「フライング・ソーサー」には「遠隔操作」という調子でね、文学的な押韻とはほど遠いもので、まあ語呂合わせ、というようなものですね。しかし押韻と語呂合わせの区別なんてそうはっきりできるものでもないという気もします。コール・ポーターの歌にも「ヨハン・ストラウス」と「ミッキー・マウス」で韻を踏んでる歌があります。

十年ほど前にコール・ポーターのミュージカル『キス・ミー・ケイト』が東京で上演されまして、そのときに日本語の台本をぼくが書いたんですが、つまり翻訳ですね、訳詞もやりました。歌は二十曲ほどあったんですが、これを全部原曲と同じように押韻でやったんです。

原詞の意味を変えちゃいけない。メロディにはまってて、きれいに聴きとれなきゃいけない。その上に韻を踏ませる、という制約の多い作業で時間がかかりましたけど、けっこうおもしろくできました。このミュージカルはショー・ビジネスの話ですが、例えば初日を前にした出演者たちの歌で、

四週間稽古だけ
三週間命がけ
一週間まるでやけ

とか、

オーヴァチュアが鳴るとき
ざわめきも遠のき
この胸はドキドキ

とかね。

そんなことをやっているうちに、マザー・グースを訳してみたくなったんです。マザー・グースはもちろん谷川俊太郎さんの名訳があります。ぼくは絵をつけていきます。けれどもぼくはぼくなりに、韻の部分を日本語にすることを考えて訳してみようかなと思ったわけなんです。

マザー・グースは全部韻を踏んでいるわけではありません。でもやっぱり韻がおもしろいというのも多いんですね。

さっき「猫とヴァイオリン」の話をしましたが、Hey diddle, diddle と、ヴァイオリンの fiddle、「ディドゥル」「フィドゥル」と韻を踏んでます。ぼくは、

ぎこぎこ　ごりん
猫とヴァイオリン

というふうに訳してみました。「ごりん」と「ヴァイオリン」ですね。そんなふうな韻にこだわる訳し方もあると思います。

マザー・グースの「こうもり」の歌のこともさっき言いました。「こうもり　こうもり　飛んで来い」というやつですね。原詩は Bat, bat, come under my hat. です。「バット」と「ハット」で韻になってます。これを谷川さんは、

こうもり　こうもり
こうもりがさのしたにこい

と訳しました。こうもりとこうもり傘をかけているんですね。原詩は帽子ですけど、ことば遊びを重視して、こうもり傘に変えてあるわけです。ぼくは、

こうもりこうもり
帽子におのり

と訳しました。こうもりの「もり」とおのりの「のり」という韻を考えた訳し方です。この場合は原詩の帽子の下にたいして、乗るんだから帽子の上になります。英語の先生だとバツにするでしょう。ことば遊びがわからない先生だったら、谷川

さんのも帽子と傘は違うぞと怒るかもしれないですね(笑)。
そんなこんなで、マザー・グースを六十編訳して『オフ・オフ・マザー・グース』という本にしました。その中から一つ紹介します。

ちいさな男がちいさな鉄砲もってた
中にはなまりの玉、玉、玉
小川にでかけて　かもをしとめた
ねらったところは頭、頭、頭

おくさんのジョーンにもってかえって
焼いてもらおうお昼、お昼、お昼
それからも一度小川にでかけて
今度撃つのはあひる、あひる、あひる

泳ぐあひるのしっぽはまき毛
　男はねらうそのかっこ、かっこ、かっこ
だけど撃つのがちょっと早すぎて
　あひるは逃げたガッコ、ガッコ、ガッコ

というんですけどね。「玉、玉、玉」と「頭、頭、頭」とか「お昼、お昼、お昼」に対して「あひる、あひる、あひる」とかうまくいってるでしょ。原詩では lead, lead, lead. と head, head, head. です。レッドとヘッド。レッドは鉛です。鉛と頭では韻にならないので、ぼくは玉のほうをもってきたわけですね。次は make と drake です。お昼を作るメイクとあひるのドレイクです。かっこは mark、ガッコが quack でした。

あとまた六十編くらい韻にこだわりながら訳して、もう一冊作ろうかなと思っております。

歌える歌もいくつか作ってます。たくさん紹介しても退屈でしょうから、とりあ

BAKE(やく)
CAKE(ケーキ)
FISH(魚)
DISH(皿)
SPARROW(すずめ)
ARROW(矢)
BOY(男の子)
TOY(おもちゃ)
PIG(豚)
WIG(かつら)
WALL(塀)
FALL(落ちる)

えず一つ。『第三の男』というイギリスの名作映画があります。この中の映画音楽としては、有名な「第三の男のテーマ」がありますが、もう一つ、レコードでいうとB面にあたる「カフェ・モーツァルト・ワルツ」というのがあるんです。もともとチター演奏のための歌詞のない曲なんですが、これにぼくが韻のある詞を日本語でつけてみました。それを聴いてください。歌っているのはデューク・エイセスです。

枯葉おどる石畳　タミ　A
歴史が眠る町並　ナミ　A
あの曲り角　カド　B
灯のともる窓　マド　B
古い酒場で　バデ　A
二人は朝まで　マデ　A
手に手重ねつつ　ツツ　B

聴いてたワルツ　ルツ　B

昔は男爵　シャク　A
身分を隠し　クシ　B
店で働く　ラク　A
老いた楽士　クシ　B
あの日の人たち　タチ　A
すでにいない　ナイ　B
君も旅立ち　ダチ　A
帰らない　ナイ　B

季節によく似た　ニタ　A
人の心　コロ　B
輝いていた　イタ　A

あの頃　コロ　B
一人この町を歩く　ルク　A
木枯吹きぬけてゆく　ユク　A
あの曲り角　カド　B
灯のともる窓　マド　B
今日も奏でる　デル　A
ワルツが聴こえる　エル　A
懐しいあの曲　キョク　B
はるかな記憶　オク　B

若い日の恋　コイ　A
今は遠い　オイ　A

「カフェ・モーツァルト・ワルツ」でした。黒板に韻の部分をカナで書いたのは、耳で聴くだけだと韻がわかりにくいかなと思ったからなんです。それから、AとA、BとBで押韻になっているということをちょっと書いておきました。AABBと続いて、曲調の変わるところでABABになっています。

欧米の詩を見てみますと、AABB、ABABのほかにABBAという形もありますし、AABCCBという形やAABCAABCという形など、いろいろ工夫されています。

こんなふうにことばが響き合うというのはぼくにとってはとてもおもしろいことなんですね。もちろんなにか強いメッセージを伝えたいというときに、こんなことにはこだわっていられない、ということもあるでしょうが、きれいな曲をよりきれいに響かせる、ことばを音楽的に聴いてもらう、という場合に韻が効果を発揮するということも言えると思います。

きょうはことば遊びの話をしました。ぼくの話は勉強じゃなくて遊び中心ですから、人生ではそんなに役に立つことはないでしょうけどね。文学を勉強としてむずかしく考えながら小説や詩を読むのも一つのやり方ですけれども、遊びながらそういうものに親しんでゆく、というのも、また一つのやり方じゃないかと思います。

というところでぼくの話を終わらせていただきます（拍手）。

音楽をかけておきます。これはデューク・エイセスとオペラ歌手の神谷満実子さんのコンサートのためにカルメン組曲を押韻で訳したものです。その中の「ハバネラ」と「ジプシイの唄」をかけます。どうぞ音楽をバックにご退場ください。ありがとうございました。

「ハバネラ」

恋は飛ぶ小鳥
いつも行きたい方に
わがままに一人

空でさえずるように

飼いならすことが
できる男はいない
籠よりも外が
恋のはばたく舞台

恋　恋　恋　恋

恋こそジプシイ
約束事などない
好かれりゃ嬉しい
でもそれは危い
危い！

もしも私に愛される時
それは男がすべて捨てる時

恋を捕えても
すぐに逃がしてしまう
あきらめていても
忘れた頃に出会う

姿変えながら
恋はいつも現われる
追いかけていたら
いつか逆に捕われる

恋　恋　恋　恋

恋こそジプシイ
約束事などない
好かれりゃ嬉しい
でもそれは危い
危い！

もしも私に愛される時
それは男がすべて捨てる時

「ジプシイの唄」

激しくするどく

叩きつけるリズム
夜の闇に沈む
この心に届く

かきならすギター
立ち上がるジプシイ
調べも狂おしい
踊れよ共にさあ
唄えよ共にさあ

トラ　ラ　ラ　ラ
トラ　ラ　ラ　ラ

かがり火ゆらめき

明日など忘れて
踊ることがすべて
この胸のときめき

人々が出会い
ひとつに溶け合い
血潮騒ぐ宴
唄う大地踊る星影
これこそ夢の世界

トラ　ラ　ラ　ラ
トラ　ラ　ラ　ラ

参考にした書物

（ことば遊びに直接関係あるもの、ないもの、本書に直接関係あるもの、ないものがあります）

言語遊戯の系譜　綿谷雪　青蛙房　1964
昔いろはかるた　森田誠吾　求龍堂　1970
ことばあそびうた　谷川俊太郎　福音館書店　1973
軽い機敏な仔猫何匹いるか　土屋耕一　誠文堂新光社　1972
マザー・グースの唄　平野敬一　中公新書　1972
土屋耕一のガラクタ箱　土屋耕一　誠文堂新光社　1975
遊びの百科全書1　言語遊戯　高橋康也編　日本ブリタニカ　1979
楽しみと冒険9　ことば四十八手　井上ひさし編　新潮社　1980
ことば遊び悦覧記　塚本邦雄　河出書房新社　1980
ことばあそびうた・また　谷川俊太郎　福音館書店　1982

マザー・グース1～4　谷川俊太郎　講談社文庫　1981
土屋耕一の一口駄菓子　土屋耕一　誠文堂新光社　1981
歌仙　石川淳・安東次男・丸谷才一・大岡信　青土社　1981
不思議の部屋1　ことば遊び百科　桑原茂夫　筑摩書房　1982
落語手帖　矢野誠一　駸々堂出版　1988
日本語相談1～5　大野晋・丸谷才一・大岡信・井上ひさし
　朝日新聞社　1989～92
書斎の旅人　宮脇孝雄　早川書房　1991

ことばに関する自著

お楽しみはこれからだ1～7　文藝春秋　1975～97
倫敦巴里　話の特集　1977
落語横車　講談社　1980
ことばのこばこ　すばる書房　1982

A面B面（共著・阿久悠）　文藝春秋　1985
オフ・オフ・マザー・グース　筑摩書房　1989
旅　ほるぷ出版　1991
またまた・マザー・グース　筑摩書房　1995
パイがいっぱい　文化出版局　2002
白い嘘　梧葉出版　2002

目次・扉絵　和田誠

『ことばの波止場』一九九五年四月（単行本）
二〇〇六年一一月（新書判）
いずれも白水社刊

本書は新書判（白水Uブックス）を底本としました。文中の記述は当時のまま、明らかな誤植は訂正しました。

中公文庫

ことばの波《は》止《と》場《ば》

2020年5月25日　初版発行
2021年4月30日　再版発行

著　者　和《わ》　田《だ》　誠《まこと》

発行者　松　田　陽　三

発行所　中央公論新社
〒100-8152　東京都千代田区大手町1-7-1
電話　販売　03-5299-1730　編集　03-5299-1890
URL http://www.chuko.co.jp/

ＤＴＰ　平面惑星
印　刷　三晃印刷
製　本　小泉製本

Published by CHUOKORON-SHINSHA, INC.
Printed in Japan　ISBN978-4-12-206887-2 C1195

中公文庫既刊より

各書目の下段の数字はISBNコードです。978－4－12が省略してあります。

わ-25-1
装丁物語
和田誠

絵を描き、文字を配し、用紙を選んで一冊を作り上げる。そのデザインの源泉は書物への深い愛着。星新一から村上春樹まで——惜しみなく披露する本作りの話。

206844-5

い-35-19
イソップ株式会社
井上ひさし
和田誠 絵

夏休み。いなかですごす二人の姉弟のもとに、毎日届く父からの手紙には、一日一話の小さな「お話」が書かれていた。物語が生み出す、新しい家族の姿。

204985-7

い-35-18
にほん語観察ノート
井上ひさし

ふだんの言葉の中に隠れている日本語のひみつとは？「言葉の貯金がなにより楽しみ」という筆者のとっておき。持ち出し厳禁、言葉の見本帳。

204351-0

お-10-5
日本語はどこからきたのか ことばと文明のつながりを考える
大野晋

日本とは何かを問い続ける著者は日本語とタミル語との系統的関係を見出し、日本語と日本文明の発展の歴史を平易に解き明かす。〈解説〉丸谷才一

203537-9

お-10-8
日本語で一番大事なもの
大野晋
丸谷才一

国語学者と小説家の双璧が文学史上の名作を俎上に載せ、それぞれの専門から徹底的に語り尽くす知的興奮に満ちた対談集。〈解説〉大岡信／金田一秀穂

206334-1

き-44-1
金田一先生のことば学入門
金田一秀穂

「先生」と「教師」はどう違う？　なぜ、ゴミはカタカナで書く？　とっても摩訶不思議でジコチューな日本語の言葉。金田一先生の痛快ことば学入門講座！

206286-3

と-12-8
ことばの教養
外山滋比古

日本人にとっても複雑になった日本語。時代や社会、人間関係によって変化する、話し・書き・聞き・読む言語生活を通してことばと暮しを考える好エッセイ。

205064-8

ま-17-14
文学ときどき酒　丸谷才一対談集　丸谷才一
吉田健一、石川淳、里見弴、円地文子、大岡信ら一流の作家・評論家たちと丸谷才一が杯を片手に語り合う。最上の話し言葉に酔う文学の宴。〈解説〉菅野昭正
205500-1

ま-17-9
文章読本　丸谷才一
当代の最適任者が多彩な名文を実例に引きながら文章の本質を明かし、作文のコツを具体的に説く。最も正統的で実際的な文章読本。〈解説〉大野　晋
202466-3

み-9-15
文章読本　新装版　三島由紀夫
あらゆる様式の文章・技巧の面白さ美しさを、該博な知識と豊富な実例と実作の経験から詳細に解明した万人必読の書。人名・作品名索引付。〈解説〉野口武彦
206860-5

ち-8-5
わたしの「もったいない語」辞典　中央公論新社編
作家・文学者・俳人など言葉のプロ一五〇人が、「聞くことのなくなってきた〝もったいない〟言葉」を、自身の想い出とともに綴ったエッセイ集。
206522-2

あ-13-6
食味風々録　阿川弘之
生まれて初めて食べたチーズ、向田邦子との美味談義、海軍時代の食事話など、多彩な料理と交友を綴る、自叙伝的食随筆。〈巻末対談〉阿川佐和子〈解説〉奥本大三郎
206156-9

あ-13-7
乗りもの紳士録　阿川弘之
鉄道・自動車・飛行機・船。乗りもの博愛主義の著者が、車内で船上で、作家たちとの楽しい旅のエピソードを、ユーモアたっぷりに綴る。〈解説〉関川夏央
206396-9

あ-13-8
完全版　南蛮阿房列車（上）　阿川弘之
北杜夫ら珍友・奇人を道連れに、異国の鉄道を乗りまくる。ユーモアと臨場感が満載の鉄道紀行。上巻は「欧州畸人特急」から「最終オリエント急行」までの十篇。
206519-2

あ-13-9
完全版　南蛮阿房列車（下）　阿川弘之
ただ汽車に乗るためだけに、世界の隅々まで出かけた紀行文学の名作。下巻は「カンガルー阿房列車」から「ピラミッド阿房列車」までの十篇。〈解説〉関川夏央
206520-8